WAC BUNKO

ブレーンたちが明かした

トランプで世界はこう変わる!

島田洋一

はじめに

「神は我が側にあると感じた」

２０２４年7月18日、暗殺未遂事件の衝撃冷めやらぬ中、共和党大会で登壇したドナルド・トランプ大統領候補は、冒頭、そう語った。実際、死を免れたのは奇跡に近かった。本人及び周辺が、使命感と信念を強めたとしても不思議はない。本書は２０２５年1月からの「トランプ復帰」を前提に書き進めた。

日本の唯一の同盟国アメリカが、内政、外交ともに大きく進路を変えようとしている。「アメリカ第一」「力を通じた平和」「舐《な》めた真似には10倍返し」を信条とする第2次トランプ政権は、いかなる立場から、いかなる政策を進めようとするのか。

バイデン政権とは何がどう違うのか。その違いが日本にどのような影響を及ぼすのか。これが本書を通じた、特に第1部のテーマである。

トランプ陣営の政策と人事を練り上げる戦略拠点に、首都ワシントンの中心部にオフィスを構える「アメリカ第1政策研究所」（AFPI）がある。私も数回訪れ、メンバーたちと様々に意見交換をした。

この研究所で外交安保政策を取り仕切る副所長のフレッド・フライツは、私の長年の友人である。彼は元CIA分析官で、特に核兵器の拡散問題に強い。国で言うと北朝鮮、イランなど「新・悪の枢軸」の一角を占めるテロ国家が調査分析対象である。CIAを離れてのち、北朝鮮が「人間の屑《くず》」と呼んだ対外強硬派のジョン・ボルトン国務次官の首席補佐官、下院情報委員長首席補佐官などを経て、トランプ第1次政権ではNSC（国家安全保障会議）事務局長を務めた。

第2次トランプ政権でも彼が要職に就くことは間違いない。本書には、フライツや彼の同僚たちとのやり取りから得た知見を随所に盛り込んである。トランプ陣営の動向分析に関する限り、日本で本書を抜くものはないと自負している。

日本では、トランプをけなさないとインテリと思われないのでは、という怯《おび》えに似た感情を持つ「識者」が多い。自由世界に共通の現象とは言え、日本の場合、重症者が多すぎるのではないか。

私は、トランプは、ソ連崩壊の立役者ロナルド・レーガン元米大統領同様、強烈な突破力のある「自由の闘士」(freedom fighter)だと思っている。あるいは、そういう存在に成長したと思っている。2024年7月13日、トランプが危うく暗殺を逃れた直後、顔面を血に染めつつ拳《こぶし》を振り上げ、「ファイト！　ファイト！　ファイト！」と叫んだのは偶然ではない。結果的に軽傷で済んだとはいえ、感染症の可能性なども考えれば、最後のメッセージとなったかもしれない言葉だった。

もっとも彼の「アメリカ第一」戦略、とりわけ強引な手段を用いても、名もない市井《しせい》の「アメリカン・ファミリー」を支える製造業をアメリカ国内に引き戻すという戦略は、時に日本の国益とぶつかる。

日本のリーダーはトランプと共に戦う「自由の闘士」であると同時に、国益をめぐる闘いにおいては、よい「ディール」(取引)をまとめられる人物でなければならない。

第2部では、日本が直面する課題を、具体的なテーマに即して掘り下げた。

「安倍晋三なき日本政治」が果たしてトランプと互角に渡り合えるのか。「絶望」という答えを出すのはたやすいが、政界にできる限りの喝を入れ、日本の強靭化に尽くすよう迫るのは、今を生きる我々世代の責務である。安倍元首相の不在は余りにも大きい。しかし「日本を諦める」わけにはいかない。

第3章から第5章までは、月刊『W・iLL』に連載中の拙コラム「天下の大道」から本書の主題に関係したものを選び、大幅に加筆した上で再構成した。

トランプ陣営は、中国を「最大にして最悪の敵」と位置付けている。本書では、煩雑を避けるため、「中国共産党政権」を「中共」と略し、「中国」は多くの場合、地理的名称として用いた。

第2次トランプ政権は一筋縄で行くはずもない「難敵」だが、最強の同志でもある。その誕生を、私は心待ちにしている。

ブレーンたちが明かした
トランプで世界はこう変わる！

◎目次

装幀／須川貴弘（ＷＡＣ装幀室）
オビ掲載写真＝ＲＥＸ／アフロ

登場人物の敬称は基本的に略した（著者）

第1部

トランプは世界をこう変える

第1章　トランプ大統領が「やること、やらぬこと」

トランプはなぜ熱烈な支持者を持つのか

トランプは、アメリカの他の政治家とは比較にならないほど熱烈で強固な支持層を持つ。「口だけで実行が伴わず、ディープステート（頑なで独善的な官僚機構）に絡め取られて終わるのではないか、と当初は懐疑的に見ていたものの、次々突破力を見せられて考えを変えた、今では類まれなリーダーだ」と確信しているアメリカ人も多い。

トランプは攻撃の矢面に進んで立つ。タフなファイターであり、メディアが問題発言と騒いでも、謝罪どころか逆に開き直り、反撃する。ポリコレを全く気にしない姿勢は、日頃マスコミの綺麗ごとにうんざりしている人々の溜飲を大いに下げてくれる。政敵を露骨かつ容赦なく叩くが、ブラックジョークの風味があり、陰にこもったところがない。

インテリの間で流行《はやり》の脱炭素原理主義や脱国境原理主義（グローバリズム）に一切迎合せず、アメリカ経済を活性化させ、雇用を増やしてくれた。こうした点から、「草の根保守」の間では、先頭で風圧に耐えて左派と戦うトランプを見殺しにしてはならないという気分が横溢《おういつ》している。

逆にリベラル・インテリの間では、従来奉じてきたイデオロギーを軒並み否定された上、通常の攻撃が効かない悔しさから「トランプ錯乱症候群」に陥った者も多かった。

ロシア・ウクライナ停戦を調停する

２０２４年11月５日に行われるアメリカ大統領選挙で共和党のドナルド・トランプ候補が勝利を収め、２０２５年１月20日に政権に返り咲けば、世界はどうなるか、その中で日本はどう対応すべきか。

まず、ロシア・ウクライナ戦争の行方から見ていこう。

トランプは、選挙戦に勝利すれば直ちに、ロシア、ウクライナ双方に対して停戦の働き掛けを始め、就任初日には戦争を終わらせると公言してきた。単なる法螺《ほら》と一蹴する向きも多いが、初日に実現するかどうかは別として、一定の戦略に支えられた現実的な主張である。

「戦場の現実」を反映した形で、すなわち戦線が膠着《こうちゃく》した地点を停戦ラインとして、双方武器を置く。その仲介をアメリカがやる。これを「朝鮮戦争モデル」と呼ぶ関係者もいる。

朝鮮戦争は1950年6月25日に北朝鮮の侵略で始まり、約3年後の1953年7月27日に、国連軍と中朝連合軍が休戦協定に署名して、ひとまず停戦となった。その際、停戦時の前線が軍事境界線と位置付けられ、南北両軍がそこからそれぞれ2キロ後退して計4キロの非武装地帯（DMZ）が設定され、現在に至っている。

ロシアがウクライナへの本格的な軍事侵攻を開始したのは2022年2月24日。第2次トランプ政権が発足して約1カ月後に3年を迎える。戦争当事国のみならず、関係諸国においても、相当程度、厭戦気分、「支援疲れ」が広がっていよう。

朝鮮戦争は、1953年3月5日に独裁者スターリンが死亡し、ソ連が新体制に移行したことが重大転機となった。トランプ周辺は、バイデン民主党政権の終焉がスターリンの死に相当すると捉《とら》える。

2024年夏現在、すでに戦線は、ロシアがウクライナ東部の一定地域を占領した状態でほぼ膠着している。長期にわたって続いた第1次世界大戦欧州戦線の「塹壕戦」のごとく両軍が対峙し、いずれが攻勢に出ても、決定的戦果は挙げられず、死傷者数と物資の損耗だけが増えていく。

もっとも朝鮮戦争のように、米軍が直接介入して多くの死傷者が出ている状況では、少なくとも開戦時のラインまで押し戻さねば、アメリカ国内世論が納まらない。押し込まれた状態で停戦に合意すれば、息子や娘の死を無駄にするのかといった政権批判が起こるのは必至である。

しかしウクライナ戦争には米軍は直接は介入していない。当然、死傷した米兵もいない。ロシアが一定領土を奪取した状態で停戦となっても、アメリカの政界を揺るがすような事態に発展するとは考えにくい。

トランプ周辺は、プーチンに対して、「直ちに軍事作戦を停止せよ、停止しないならウクライナに攻撃的武器を大量供与する、そのための予算は確保されてある」と伝え、圧力を掛けるという。

2024年4月、米国において、対イスラエル支援、対台湾支援と抱き合わせの形で、ウクライナに対する610億ドル（約9兆円）の追加支援予算が成立した。特に熱心なトランプ派を自認する共和党下院議員の間では、①ウクライナ支援は北大西洋条約機構（NATO）に加盟する欧州諸国の責任で行うべき、②他国の国境防衛の前に、まず米国自身の国境防衛に予算を振り向けるべき、③無限定なウクライナ支援により、より重要な台湾防衛のための兵器、弾薬が枯渇しかねない、④ウクライナのゼレンスキー政権は腐敗しており、米国民の税金を渡すべきではない、等の理由から反対の声も根強かった。しかし、トランプ陣営の安保政策策定の中心にいる、「はじめに」で紹介した「アメリカ第1政策研究所」副所長で元CIA分析官のフレッド・フライツは、それら論点に理解を示しつつも、より高次の観点から異論を唱える。

欧州NATO諸国に出資圧力を掛けるべきは当然だが、大統領が執行に当たって裁量権を持つ軍事支援予算の成立は、トランプのロシア、ウクライナ双方に対する交渉力を高める。支出は数年にわたるので、停戦が実現すれば、その時点で打ち切って他の方面に振り向けられる。また、今はゼレンスキーを批判する時ではない。

トランプ陣営には、曲がりなりにも民主的制度を採用し、言論の自由もある程度確保されたロシアは、できるだけ中国、イラン、北朝鮮など「新・悪の枢軸」の「悪友」から引き離し、自由主義圏に引き寄せるのが正解という戦略的発想がある。実際、２０１４年のクリミア併合を理由に放逐されるまで、ロシアはＧ８（主要八カ国首脳会議）のメンバーだった。主敵はあくまで中国共産党である。ロシアは同盟国とはなり得なくとも、友好国ぐらいにはなり得る。この辺りの発想は、安倍晋三首相が追求した対ロ外交にも通じる。

そして、ロシアに攻撃停止を求めると同時に、ウクライナに対しては、これ以上死傷者を出さないよう、ひとまず停戦した上で、平和的手段による原状回復を模索していこうと呼びかけるという。仮にロシアが停戦に同意する一方、ウクライナが応じなければ、同国に対する追加支援を停止すると圧力を掛ける。

ロシアに提示するカードとして、プーチンが以前から求めてきた「予見しうる将来、ウクライナをＮＡＴＯに加盟させない」も持ち出すという。集団的自衛体制であるＮＡＴＯへの新規加盟は、既存加盟国32カ国すべてが賛成しないと実現しない。ウクライナでロシアとの戦闘に巻き込まれることを恐れる国も多く、予見しうる将来、全加盟国が賛成する可能性は低い。それなら対露カードとして切った方が賢明、という政策判断である。

もっとも同時に、ウクライナのＥＵ（欧州連合）加盟は即時実現を働きかけるという。

これはウクライナの人々に希望を与えることに繋がるだろう（決定権を持つのはアメリカでなくEUだが）。

プーチンは、ロシア軍が占領したウクライナ東部を割譲するよう要求しているが、これは受け入れない。アメリカは停戦を仲介しても、ウクライナの意に反して、いかなる占領地もロシア領と認めることはない。あくまでロシアに撤退を求めていく。しかし、双方ととりあえず武器は置くということである。

ところでトランプには、プーチンと「被害者意識」を共有する面がある。米民主党とその応援団たる米主流メディアは、トランプがヒラリーに勝利した2016年大統領選を、トランプ陣営とプーチンが結託した不正選挙だと喧伝し、「疑惑追及」と称してトランプ政権の足を引っ張り続けた（いわゆるロシア疑惑）。トランプにとってもプーチンにとってもいわれなき中傷であった。

トランプとバイデンが争った2020年の大統領選挙でも、バイデンの次男ハンターのスキャンダラスなメールや写真を多数含んだラップトップ・パソコンを、民主党陣営はロシアの陰謀だと言い募った（その後、ハンター自身のものであることが判明）。これまた、トランプにとっては選挙に絡んだ不当な情報操作であり、プーチンにとっては明白な濡れ衣であった。こうしたこともあり、第1次政権時代、トランプはプーチンと、肝胆相照《かんたんあいて》らすとまでは行かないが、良好な関係を保っていた。

ロシアのウクライナ侵略についても、トランプ陣営には、アフガニスタンからの潰走に代表されるバイデンの「露骨な弱さ」が誘発したもので、もちろん最も悪いのはプーチンだが、プーチン一人を非難して済む話ではないという認識がある。

トランプ政権が続いていれば、プーチンはウクライナに関して自制したはずであり、「予測不可能」を抑止力とする自分が大統領に返り咲けば、再び情勢をコントロールできるというトランプの自負は、ある程度実績に基づく裏付けがある。

ウクライナ戦争が続く限り、ロシア、中国、イラン、北朝鮮の「新・悪の枢軸」は結束を強めていく。互いの支配圏拡張を支援すべく、米軍の勢力分散を図る動きを活発化させていこう。例えば中国は、台湾侵攻に際して、北朝鮮やロシア、イランに対し、米軍をできるだけ北方や中東に引き付ける陽動作戦の実施を依頼するはずである。

ロシアが、半分が不発弾と言われる北朝鮮製の劣悪な武器弾薬であっても必要とし、見返りに石油や食糧を渡す状態下では、日朝交渉の好条件も生まれにくい。2024年6月19日には、訪朝したプーチンと金正恩の間で、軍事協力も含む「包括的戦略パートナーシップ条約」が結ばれた。ウクライナ戦争を早期に終わらせることは日本の国益にも叶うだろう。

バイデン政権には、この戦争に関する入口戦略も出口戦略も全くなかった。バイデン大統領は、公の場でしばしばプーチンを「戦争犯罪人」と呼んだ。これでは停戦を調停しようにも交渉に入れない。アメリカおよび自由主義圏の利益を損なうだけというトランプの批判は決して的外れではない。

この点、第1次トランプ政権でCIA長官、国務長官を務め、第2次政権でも要職を担うだろうポンペオが回顧録に記したプーチン・習近平比較論が興味深い（Mike Pompeo, Never Give an Inch: Fighting for the America I Love, 2023 ポンペオは元陸軍戦車部隊長で、軍事にも通じている）。

ポンペオによると、時には冗談も言うプーチンと違い、習近平は常に陰気で人間味を欠く。旧東ドイツやソ連の党官僚によく見られたタイプで、世界のリーダー中、会っていて最も気分の良くない人物だったという。ロシアのウクライナ侵略についてポンペオは、次のように、バイデンの責任を強調する。

プーチンは冷酷で身勝手な大ロシア主義者だ。その点、昔から何も変わっていない。変わったのは彼のリスク計算である。アフガニスタンから最も恥ずべき形で潰走した弱いバイデンの間が侵略の好機と考えた。

実際プーチンは、ブッシュ長男政権がイラク戦争の泥沼化で求心力を失った末期にジョージア侵攻、オバマ時代にクリミア併合、バイデン時代に全面侵攻と周辺領土の奪取を進めたが、トランプ時代には、あからさまに兵を動かすことはなかった。

ロシアがウクライナ領の一部を占領したままで停戦となると、「侵略の成功」と受け取った習近平が勇気を得て、台湾侵攻に踏み切りかねない、従ってウクライナの対ロ戦は領土奪還まで完遂されねばならない、ウクライナ政府が戦闘継続の意思を持つ限り軍事支援を続けねばならないとの主張がある。

これに対して、トランプ陣営は次のように応える。

確かに、ウクライナがロシア軍を完全に追い出すのが理想だろう。しかし、小出しの軍事支援というバイデンの戦略的誤りのため、その実現は困難となった。それはあくまでバイデンの責任であり、後を継ぐトランプに責任はない。軍事超大国ロシアには戦術核使用という、ウクライナにはない奥の手がある。人口もロシアが1億4000万人超に対しウクライナは3800万人と約4分の1。動員できる兵士の潜在数が大きく違う。フライツは、「ウクライナにカネと兵器を投入し続けることで、一世代の若い戦闘者たちを死滅させるのは非道徳的だ」と述べている。

もっとも、ウクライナ軍の奮闘、NATOの武器支援の効果で、ロシア軍は兵員、戦車、装甲車、戦闘機、ヘリコプター、艦船などに相当な損害を被った。ミサイル、弾薬も生産が追い付かず、質の悪い北朝鮮製まで提供を請わざるを得なくなった。充分と言えないにせよ、習近平に「侵略は割に合わない」という一定の教訓は与えられた。

際限なくウクライナへの軍事物資供給を続けると、台湾防衛に必要な兵器の在庫が底を尽く。その方が、習近平に侵略の誘惑を与えかねない。

以上が、トランプ・ブレーンが語る「停戦仲介」の論理である。

中国にはさらなる「デカップリング」を

トランプは、経済・経営分野の知識、経験においては、歴代の米大統領の誰にも負けないとの自負を持っている。貿易、投資交渉に関しては、相手方が結束して当たって来かねない多国間の枠組みを忌避し、制裁関税や安保カードなどを武器に２国間（バイ）の枠組で押し切ることを好む。

トランプ陣営は、明確に中国を主敵と位置づけ、軍事的な緊張激化は避けつつ、経済分野では相互主義を徹底させ、「戦略的経済分断（デカップリング）」を進める方針を明らかにしている。すなわち、安全保障上重要なハイテク分野、特に先端半導体に関して、供給網（サプライチェーン）から中国をできるだけ外していく。これは日本にとっても歓迎すべき動きであり、ＥＵ諸国も交え積極的に共同歩調を取るべきだろう。

またトランプは、中国が知的財産の窃取をやめない限り、中国製品一般に60％の関税を掛けると宣言している。これは、不当に奪われた製造業（および雇用）を米国に引き戻すことにつながり、「アメリカを再び偉大に」（ＭＡＧＡ）運動の重要な一環と捉えられている。中国で生産されたハイテク製品は対米輸出が難しくなる。中国内にまだ工場を持つ日本企業は、「脱出」を急がねばならないだろう。中国との合弁事業に新規投資をするなどは自殺行為に近いと言える。

高度なハイテク教育を受けていない一般のアメリカ人労働者が、家族を養っていける安定収入を得るには、製造業の本土回帰が必要というのがトランプ陣営の基本認識である。

トランプが掲げる「アメリカ第一」の経済・貿易政策の肝《きも》がそこにある。この立場から、中国のみならず、日本など同盟国、友好国にも、農産物を含めた米国産品により市場を開くよう迫ってくるだろう。

トランプ政権の第1期に参考になる事例がある。2018年から翌年にかけて、ロバート・ライトハイザー米通商代表部（USTR）代表と茂木敏充経済再生担当大臣の間で閣僚級の日米通商交渉が続いた。当時の日本は安倍政権である。ライトハイザーは2023年に出した回顧録にこう記している（Robert Lighthizer, *No Trade Is Free: Changing Course, Taking on China, and Helping America's Worker, 2023*）。

明らかに日本は、アジアにおいて我々の最も緊密な同盟国であり、世界全体で見ても最も緊密な同盟国の一つだった。安倍は歴史的な人物だった。しかし個人的に親密な関係だからといって、大統領はアメリカの利益を推進する手を緩めなかった。

トランプ自ら、あるいはライトハイザーを通じて、日本が米国産農産物などの輸入を拡大しなければ、日本車に25％の関税を掛けると恫喝した。米側は、日本に一切見返りを与えず成果を得ることを目指した。ライトハイザーは言う。

アメリカは世界最大のマーケットを持っている。日本は相当な対米貿易黒字を継続的に出している。従って日本側は、我々から新たに何かを得るためではなく、現在のマーケット・アクセスを維持するために譲歩せねばならない。

こうした強圧的な交渉の結果、米側は何ら譲歩することなく、日本側に農産物の関税引き下げを受け入れさせた。茂木は交渉妥結後の会見で、日本側の諸要求は、続いて行われる第２弾の協議で考慮される手筈になっていると弁明したが、結局、「第２弾」はなく、空手形を摑まされて終わった。同じ轍を踏まないよう、日本側はさらなる粘り腰を見せる必要がある。

ライトハイザーは、中国に対して柔軟かつ機動的に圧力を掛けるため、同国の最恵国待遇を取り消すべきとも主張している。これはトランプ陣営全体の戦略である。思い切った問題提起だが、議会共和党は基本的に同じ立場であり、実現すれば、中国を狙い撃ちにした措置を打ち出しやすくなろう。

さらに対中封じ込め政策の一環として、トランプ陣営は、「中国人には、米政府所有地から半径50マイル（約80㎞）以内の土地の所有・購入を認めない」旨を法制化したいという。州や自治体独自の上乗せ規制も歓迎する。「政府所有地」の中心は軍事施設や官公庁である。近接した地域から妨害電波を出されたり、盗聴されたりすると、国家の安全に重大な支障が生じかねない。中共の広範囲にわたるスパイ活動に照らせば、当然の対応であり、日本も驥尾《きび》に付すべきだろう。

第1次政権時、トランプはハイテク分野における対中締め付けを加速するため、中国語に堪能なマット・ポッティンジャー大統領副補佐官（安全保障担当）に、省庁横断の対中タスクフォース（特別部隊）を作らせた。日頃、ポッティンジャーを含む勉強会に参加していた中堅のハードライナーたちが集められた。

輸出管理は主として商務省の所管だが、ディープステートの影響下にある高齢のウィルバー・ロス商務長官では指導力不足とトランプが判断しての措置だった。トランプは他の政権幹部たちの前で、「お前は中国に腰が弱すぎる。お前の女房はよくお前に堪えられるな」とロスを面罵したこともあったという。

そのポッティンジャーも、２０２０年大統領選の不正追及に関してトランプと距離を置き、政権末期に辞職したことで、トランプ陣営においては「アメリカ第一運動から離れた」と見られている。もっとも政策的には齟齬がなく、ボルトン元安保補佐官（第1次政権時、ポッティンジャーの上司）のように公然たるトランプ批判に転じたわけでもないので、一定の協力関係は保つだろう。

ポッティンジャーは中共幹部に向けた訓示などを分析し、習近平は毛沢東の朝鮮戦争介入を称える等、台湾併合に固執する姿勢を強めており、日米台の側が相当抑止力を強めないと危ないと警鐘を鳴らしている（Matt Pottinger, The Boiling Moat: Urgent Steps to Defend Taiwan, 2024）。

対中締め付けの「道具」の中で、微妙な位置を占めるのが金融制裁である。軍事力と並んで金融力は、アメリカの覇権を支えてきた源泉である。しかし、経済大国に成長した中国に対して金融制裁を発動すると、効果が大きい半面、跳ね返りも小さくない。そのため、米国内でも相当な抵抗がある。

２０２０年5月、香港の「高度の自治」が完全に破壊されたとして、トランプ政権は、中国本土と区別する形で与えていた香港ビジネスへの特別優遇措置を全廃した。国務省官僚機構の抵抗は、ポンペオ国務長官が主導し、トランプが大統領権限で抑え込んだ。

しかし、上乗せで検討された金融制裁では風向きが逆になった。当時、香港経由のドル取引は、ロンドンに本拠を置くＨＳＢＣ銀行が取り仕切っていた。「中共の資金洗浄」の中心的担い手たるＨＳＢＣの活動に強い規制を掛ければ、中共の資金調達コストは飛躍的に高まる。

やはりポンペオが中心となり、ＨＳＢＣへの制裁発動をトランプに具申したが、ウォール街の巨大金融機関群が「アメリカ経済を傷つける」と猛烈に巻き返した。ポンペオは、「要するに彼らのボーナスが減るという意味だ」と揶揄《やゆ》したが、抵抗は勢いを増していく。

財務省がウォール街に与《くみ》し、国務省の親中官僚たちも一致して「慎重論」を唱えた。ポンペオは、「国務省は組合主導の、戦闘的なまでに消極的な、構造的情報漏洩マシーンである」と憤懣の言葉を吐いている。

結局、コロナ禍で苦しむアメリカ経済にさらなる負荷は掛けられないとして、トランプがゴーサインを出さず、ＨＳＢＣ制裁はお蔵入りとなった。

１９７０年代の米中国交正常化以来、初めて本格的な対中制裁に踏み込んだトランプ政権でも、金融制裁のハードルは高かった。ポンペオは、香港の自由を守るために十分な措置が取れなかったのは、国務長官として最も苦い記憶の一つだと述懐している。

なおポンペオは、トランプ政権末期に、中共を「人類の敵」と呼ぶなど強硬姿勢を強めていき、国務長官退任後は、台湾を独立国家として承認すべきとの立場を取るに至った。たびたび、蔡英文、頼清徳と続く民進党政権の賓客として台湾を訪れている。

ブッシュ・ジュニア政権が2005年、北朝鮮の資金洗浄を助けたマカオの中国系銀行バンコ・デルタ・アジアを不正行為「懸念先」に指定し、米銀との取引を禁止する金融制裁を発動した時も、同様の容疑が濃厚だった中国銀行の制裁には踏み込めなかった（Bank of China 中国4大商業銀行の一角）。担当調査官らは発動を主張したが、ウォール街の意向を受けたポールソン財務長官が難色を示した（ポールソンは、ウォール街の金融最大手ゴールドマン・サックスのCEO出身）。対中締め付け策において、中国の大手銀行に対する金融制裁は今後とも鬼門となろう。

第2次トランプ政権の対中政策を考えるに当たり、第1次政権最終年の2020年7月下旬に、4人の閣僚クラスが行った連続講演が今でも参考になる。講演順に、ロバート・オブライエン大統領安保補佐官、クリストファー・レイ連邦捜査局（FBI）長官、ウィリアム・バー司法長官、ポンペオ国務長官の4人である。

締めくくりに登場したポンペオは、習近平と中共について、「歴史上、これほど危険な巨人が世界の上にまたがったことはまずない」と言い、中国の体制転換に向けた同盟構築を有志諸国に呼びかけた。習近平個人については、「破綻した全体主義イデオロギーの妄信者」と呼んでいる。「妄信者」(true believer)には、矯正不能の守旧派というニュアンスがある。ポンペオは次のような感想も公にしている。

中共との対話は続けるが、最近は会話が難しい。ほんの数週間前、ホノルルで楊潔篪(当時、中国共産党中央政治局委員)と会った。相変わらず言葉数は多いが態度を改めるような提案は文字通りゼロだった。

レイFBI長官とバー司法長官は法執行部門を代表し、「中国イニシアチブ」(中国シフト)を加速させている現状を強調した。すなわち、機微な先端技術の流出を阻止するため、人員、予算ともに限られた捜査資源、公判資源を中国スパイの摘発、立件に傾斜配分させているという。

レイは、「現在10時間に1件の割合で中国絡みの防諜事案の捜査を始める状態にある。全米で捜査中の5000件の事案のうちほぼ半数が中国に関連している」と述べ、バーは

「連邦における経済スパイ起訴事案のうち約80％が中国絡み」と語った。秘密裏に中国の科学技術獲得「千人計画」に協力していた、ナノテクノロジーの世界的権威、チャールズ・リーバー・ハーバード大学教授の逮捕、起訴はその代表例である。ＦＢＩが逮捕した当日に司法省（連邦検察官）が起訴しており、事案を連係プレーで進めていたのが分かる。

ところがバイデン政権は、２０２１年1月の発足早々、中国シフトを解除し、国内「右翼」シフト、ロシア・シフトに移行させた。トランプ時代に立件され公判中だった中国絡みのケース（その多くは中国人、中国系アメリカ人研究者）についても、次々起訴を取り下げていった。その理由として、トランプ政権の措置が、中国人や中国系米国人への非寛容と偏見を助長していること、科学研究を萎縮させていること、などを挙げている。

大学の世界はリベラル派が多く、民主党の重要な支持基盤である。多くの場合、起訴された研究者を擁護する大学側（有罪となれば雇用者責任を問われかねない）に対する政治的配慮も働いたと思われる。

第2次トランプ政権誕生後は、熱心なトランプ支持者の牽制を狙った意味合いが強いバイデン「国内右翼シフト」は直ちに解除され、再び中国シフトに転換する方向に動くだろう。

司法長官、ＦＢＩ長官はもちろん大統領の指名人事である（上院の承認は必要）。さらに日本と違って、司法省ナンバー3の訟務長官（Solicitor General 日本の検事総長に当たる）はじめ全米各地の控訴裁や地裁に配属される連邦検察官（総計93人）も、すべて司法長官（その背後には大統領）が指名し、上院が承認する。

任期は4年だが、その間、大統領の意向でいつでも更迭できる。例えばバイデンはトランプが任命した検察官全員を、就任直後に解任した。

大統領が指名しても、上院が承認するまで就任できない連邦裁判官や各省庁幹部と異なり、連邦検察官は、指名と同時に、司法長官の暫定任命という形で職務に就ける（上院が不承認の決定を下した場合のみ退任）。

すなわち、アメリカの連邦検察官は大統領のスタッフという色彩が強い。トランプが大統領に返り咲けば、検察の政治的色合いは、バイデン時代とは一変するだろう。

第1次トランプ政権末期の「中国問題」連続講演に話を戻せば、トップバッターのオブライエン安保補佐官は、「実質的に中国の情報機関と位置付けるべき情報通信機器会社ファーウェイ」への締め付け強化などと共に、中共による国際機関乗っ取りにも注意を促した。

中国は今や、15ある国連の専門機関のうち4つでトップのポストを取っている。これは安保理の残りの常任理事国、米英仏ロ4カ国が得ている数の合計よりも多い。中国はこれらの事務局長を使って、中国政府の主張をオウム返しに発信させ、また中国の通信機器を国際機関のさまざまな施設に据え付けさせている。

具体的には、「例えば国際電気通信連合（ＩＴＵ）事務総長の趙厚麟は、就任するや時を置かず、ファーウェイ製品の販売促進のため猛然と行動してきた」という。

また、「国際民間航空機関（ＩＣＡＯ）事務総長の柳芳は、総会への台湾の参加を頑なにブロックするのみならず、中国による同機関へのハッキング事案をもみ消した」。

「中共の手」は、国際保健機関（ＷＨＯ）のテドロス事務局長（エチオピア出身）のような人物も含めれば、さらに広く伸びている。

武漢ウイルスに関してテドロスは、北京の言いなりとなって大変な人的被害を出しつつ、北京が振り付けた論点を忠実に繰り返してきた。

トランプ政権は、テドロスが事務局長に居座るWHOへの資金拠出を停止したが、「国際協調」を掲げるバイデン政権は、厳密な過去の検証もないまま支払いを再開した。第2次トランプ政権では、WHOの執行体制への不信に加え、必要な途上国支援は、WHOを通さず、アメリカ独自の判断で行うとの立場から、再び拠出金を止める可能性が高い。

多くの国際機関で、日本はアメリカに次ぐ資金拠出国である（人権理事会、ユネスコなどアメリカが脱退した機関では1位）。日本国民の税金が、単なる浪費を超えて中共の利権拡大に使われる事態を放置してはならない。国際機関の長のポストを次々中共に取られてきた「人事敗北」の検証も含め、国会は外務省にしっかり説明を求めつつ、改善策を論議すべきだろう。

台湾防衛「戦略的曖昧」か「戦略的明確」か

トランプは中国の台湾侵略にどう抑止力を効かせるか。アメリカでは従来、「戦略的曖昧」(strategic ambiguity) が基本とされてきた。有事に当たって米軍が介入するともしないとも明らかにしない姿勢を指す。

中国軍が相対的に弱い時期は、それでも十分だった。しかし、中国軍が強大化した今日では抑止として不十分であり、必ず米軍が介入すると予め明らかにする「戦略的明確」(strategic clarity）に移行すべきだ、との意見がアメリカの保守強硬派を中心にある。生前の安倍元首相も、ロシアのウクライナ侵略後たびたび、アメリカは戦略的曖昧を越え介入意思を明確にすべきとの意見を公にし、その趣旨の論文を米紙に寄せてもいる。

トランプ陣営の幹部らはこれに対して、中国への向き合い方は、「よりタフな政策を採りつつ緊張は下げる」を基本方針にするという。すなわち、相互主義の観点から「悪い行動には罰」を徹底させ、さらにはトランプの「予測不能性」を武器に相手の軍事的冒険を牽制しつつも、常に建設的なディールの可能性を示し、態度変更を促していく。

２０２０年1月3日、イランの対外テロの責任者ソレイマニを標的にした殺害作戦を実行し（詳しくは後述)、中国にかつてないレベルの経済制裁を行うなど、「反撃意志の強さ」を行動で示したトランプの場合、腰の弱さを見切られたバイデンと違い、「戦略的曖昧」でも何ら問題なく抑止力を発揮するというのがトランプ陣営の答である。トランプなら「なめられたら十倍返し」の強烈な反撃に出るという「強い予測」を含んだ「予測不能」ということである。

その際、抑止力を高める上で、議会との連携が重要になる。アメリカでは日本と違って、議会がこの方面で主導的に動いてきた。台湾への武器供与を規定した、従来からの台湾関係法（1979年制定）はもとより、2018年3月には、「台湾旅行法」を全会一致で上下両院を通過させた（トランプ大統領が署名して成立）。

意識的に「無味無臭で牧歌的」を装った名称だが、最大のポイントは、「米政府の全レベルの当局者が、職務で台湾を訪れることを認める」とした後に、「閣僚レベルの国家安全保障当局者や軍の将官を含む」と特記した点にある。台湾側当局者の訪米についても、米側のカウンターパートとして「国務省と国防総省の当局者を含む」と明記してある。

すなわち、米軍と台湾軍の直接協議を促進することに、法の最大の狙いがあった。中共が「米中関係のレッドラインを超えるもの」と強く反発した所以《ゆえん》である。とかく分断と対立がニュースになりがちなアメリカ政治だが、外交に関しては「政争も水際まで」の精神は生きている。

続いて2022年暮れ、米議会は「台湾抵抗力強化法」を通過させた（バイデン大統領が署名して成立）。5年間で最大100億ドルの台湾軍事支援予算を確保し、台湾からの武器購入要請には優先的かつ速やかに応じることが規定された。また、米台両軍が連携しての即応性を高め、抑止力を向上させるための合同軍事演習実施も盛り込まれている。国際機関への台湾参加を促進するなどの外交的措置も明記された。

もっとも、上院外交委員会を通過した段階（その時点の名称は台湾政策法）では、北京が台湾への圧迫行為を強めた場合の対中金融制裁発動が含まれていたが、これは財務省、国務省、バイデン・ホワイトハウスの巻き返しにより、規定全体が落とされた。ここでも、先述の通り、金融制裁はハードルが高かったわけである（上院外交委員長が提出した原案では、中国工商銀行、中国建設銀行、中国銀行、中国農業銀行の中国４大商業銀行をはじめ、制裁対象の金融機関が具体的に列挙されていた）。

一方中共の側は、２０２４年1月、「愛国主義教育法」を施行し、「台湾統一」に向けた宣伝教育を強化している。習近平らしく、全体主義から自由主義へ向かう文明の流れに完全に逆行した行為である。習近平もここは、「韓国は別の国。統一対象に非ず」と立場を改めた北朝鮮の金正恩に見習ってはどうか。「台湾は別の国。統一対象に非ず」と宣言すれば世紀の決断として歴史に残るが、まァ、そこまでの「蛮勇」は持たないだろう。

NATO脱退、日米安保破棄はあるか

トランプが大統領に返り咲くと、NATOから脱退するのではないかとの「懸念」がよ

く取りざたされる。まず、その根拠とされるトランプの「暴言」の中身を詳しく見てみよう。典型例は、2024年2月10日の選挙集会で飛び出し、米主流メディア発の国際ニュースとなった発言である。

（第1次トランプ政権時の国際会議で）ある大国の大統領が立ち上がって言った。「もし我々が（NATOで合意された防衛費を）支出せず、ロシアに攻撃された場合、あなたは我々を守ってくれますか」。私は言った。「払わなければ滞納者だ。答はノー。私はあなた方を守らない。実際、何でも好き放題やれと彼ら（ロシア）の尻を叩くだろう」と。

ほとんどのマスコミはここで引用を打ち切り、批判的「解説」に走ったが、実際はこの後に締めの一句が続く。

「しっかり払え」と。するとカネが流れ込みだした（And the money came flowing in）。

ここをカットしたのは、反トランプ・マスコミらしい切り取りと言われても仕方ないだろう。毎年GDP比2%の防衛費支出というNATO合意を守らない欧州諸国を脅し付けたところ、多くの国が約束を果たし始めた。強面《こわもて》で臨まないと、彼らはアメリカをカモにするばかりで動かない、というのがトランプ発言の趣旨である。同じ趣旨を、トランプはバイデンとの第1回大統領候補者討論会（2024年6月27日）でも述べている（ちなみにアメリカは毎年GDP比3・5%程度の国防費を支出。冷戦末期のレーガン時代は6%前後だった）。

大統領安保補佐官として、おそらく上記NATO首脳会議の場にも同席していたジョン・ボルトンは、次のように証言している（ボルトンは退任後、反トランプに転じた。従ってトランプを庇う立場にはない）

トランプはNATO諸国を強く攻め立てた。ただし、ロシアに対して誰々を守らないといった発言はしていない。そこは作り話だ。

実際トランプが、NATO首脳会議の場で「ロシアに欧州NATO諸国侵攻を促す」旨の発言をしたなら、その時点でマスコミにリークされ、大ニュースになったはずである。

出席していたはずの各国首脳で、裏付け証言をした人もいない。

しかしバイデン周辺は、「ゾッとするほど箍《たが》が外れた発言」とトランプを強く非難した。さらにバイデンは、2024年3月7日の一般教書演説で、このトランプ発言を「言語道断かつ危険で、受け入れがたい」言動と改めてやり玉に挙げている。

これに対し、あるトランプ側近は、「トランプ大統領は、しっかり払えと要求することでNATO諸国に防衛費増を促しただけだ。一方、バイデンは、欧州がアメリカの納税者をカモにするのを許している。防衛費をしっかり出さなければ、その分、戦争の危険が高まるのは当たり前だ」と反論している。

なおNATO脱退に関しては、こうした一連のフェイク報道も影響し、2023年末に成立した米「国防権限法」に、「上院で出席議員の3分の2の助言と承認がない限り、あるいは議会の議決に従うのでない限り、大統領はNATOから脱退してはならない」との規定が盛り込まれた。「あるいは」に続く「議会の議決」とは上下両院において過半数の賛同を得るという意味である。

アメリカ合衆国憲法は第2条第2項で、「大統領は、上院の助言と承認を得て、条約を締結する権限を有する。但し、上院の出席議員の3分の2の賛成を要する」と規定している。しかし条約の廃棄に関しては、何も手続きを定めていない。

そのため、かつてカーター政権が、1978年12月の「米中共同コミュニケ」に即して、翌年1月1日をもって北京政府と国交を樹立し、台湾との米華相互防衛条約は廃棄すると宣言した際、バリー・ゴールドウォーター上院議員（共和党）ら議会保守派が強く反発し、「憲法は議会の同意なく条約を廃棄する権限を大統領に与えていない」として、差し止め訴訟を起こした（条約は廃棄通告から1年後に無効になる。この場合は1980年1月1日であり、訴訟の段階ではまだ米華相互防衛条約は存続していた）。

なお政権側は、「上院は廃棄条項も含めて条約を承認しており、いつどのような状況で廃棄するかは行政の最高責任者である大統領の裁量範囲」という立場を取った。

この差し止め訴訟に対して当時の最高裁は、事案は高度に政治的な問題であって、特に上院で議論が続いている中、司法が判断を下すのは適当でないとして訴えを退けた（いわゆる統治行為論）。その後現在に至るまで、米最高裁は、条約廃棄の権限をめぐる憲法判断を示していない。

第2次トランプ政権は、大統領の外交権限を縛る上記2023年の法（NATO脱退に議会の同意が必要）は憲法違反だとして無効確認訴訟を起こすかも知れない。しかし、恐らく最高裁は、やはり統治行為論の立場から判断を避けるだろう。

日本にとって重要なのは、この新法と日米安保条約の関係である。ＮＡＴＯに限定した「大統領条約廃棄権限制約法」が成立したことで、逆に、「日米安保を含むその他の条約については、大統領の一存で脱退できる」という憲法解釈が補強されたとも言える。

２０２５年１月に第２次トランプ政権が発足して以降は、仮に議会が、日米安保条約に関して、ＮＡＴＯの場合と同様、大統領の廃棄権限を縛る法案を通しても、トランプ大統領が署名しなければ成立しない。両院が３分の２以上で再可決すれば大統領拒否権を乗り越えられるが、相当高いハードルである。

仮に中共の台湾圧迫がエスカレートし、トランプ大統領が対抗措置として台湾周辺での日米台合同軍事演習を命じたような場合、日本が「平和憲法」を盾に参加を拒めば、トランプが安保廃棄カードを切ってくる可能性がある。米大統領が安保条約の廃棄を宣言しても、条約第10条の規定により、発効するのは1年後である。

トランプは「残り1年」の時限爆弾を振りかざしつつ、様々な軍事的、経済的要求を突き付けてこよう。「日本が要求を受け容れるなら宣言は撤回する。どうする？」という一種の、強者からの瀬戸際外交である。そんな事態は起こり得ない、と高を括《くく》るべきではないだろう。第2章で詳述するが、最悪の事態も考慮に入れ、日本の政府、国会は、集団的自衛権に関する現行の憲法解釈を早急に改めねばならない。

中東政策の中心は「イラン締め付け」

第2次トランプ政権の中東政策は、イラン・ファシズム政権に対する締め付け強化、イスラエル、サウジアラビアとの関係強化を軸に、バイデン時代から大きく変わるはずである。石油の9割超を中東から輸入し、同地域の安定が死活的に重要な日本にとって、よい方向への転換と見ることができる。

「テロの中央銀行」イランに対する第1次トランプ政権の封じ込め戦略は成果を上げていた。アメリカの波状的な制裁で石油収入が激減し、財政難に陥ったイランは、配下のテロ集団への継続的支援ができなくなった。また、イランの対外破壊活動の司令塔で、独裁者アヤトラ・ハメネイに次ぐナンバー2の実力者とも言われた革命防衛隊「コッズ部隊」司令官カッセム・ソレイマニの殺害という思い切った作戦は、中東のみならず、世界中のテロ組織に衝撃を与えた。大きな牽制効果を得たといえる。

この作戦に踏み切った理由を、トランプ政権は、「ソレイマニが過去数十年にわたって米軍兵士数百名を死亡させ、数千名を負傷させた責任者であり、さらに米軍をターゲットとした新たなテロ攻撃を準備していたから」と説明している。

2020年1月3日、中東に20前後あるイラン傘下のテロ集団の巡回指導のため、シリアのダマスカス空港を飛び立ってイラクのバグダッド空港に降り立ったソレイマニと側近をイラクのシーア派武装勢力幹部らが出迎えた。一行が2台の車に分乗して空港玄関を出、一般道につながる連絡路を走行中、上空で旋回待機していた複数の米軍無人攻撃機（ドローン）が遠隔操作でミサイルを発射。車内にいた、ソレイマニを含むテロリスト10人全員を死亡させた。現場は周囲に住宅や歩道がないため、一般人の巻き添え被害はなかった。理想的なテロリスト除去作戦だったといえる。

ところが、当時米大統領候補として選挙運動中だったバイデンは、ソレイマニ殺害は無謀かつ国際法違反であり、米政府職員が暗殺に関与することを禁じた1976年大統領令にも違反するとして、「私ならこうした命令は出さなかった」とトランプ大統領を非難した。

2021年1月のバイデン政権発足以降、アフガニスタンからの米軍潰走、タリバン・テロ政権復活、ロシアのウクライナ侵略、イラン傘下のテロ集団ハマスによる対イスラエル大規模テロなどが続いたが、この種のバイデンの弱い、綺麗ごとの言動が少なからず影響を及ぼしたであろう。「バイデンなら強い臨機応変の措置は取れない」が世界中のテロリストやファシズム政権の共通認識となったと言える。

トランプ第1次政権は、イランのみならず、イラン石油を輸入する第3国も制裁対象とした。そのため、中国もイラン産石油の購入を停止せざるを得なくなった。

ところがバイデン政権がオバマ時代の対イラン宥和政策に回帰し、経済制裁を緩めたため、中国は輸入を大々的に再開した（2024年夏現在、イラン産石油の輸出の3分の2が中国向け）。イランの財政に再び余裕が生まれた。間接的に中国が、イランのファシズム体制はもとより、傘下のハマス、ヒズボラ、フーシ派などのテロ組織をも、資金的に支えていると言える。

従来反米で連携し、核ミサイル開発で協力関係にあったイランと北朝鮮は、ウクライナ侵略を支持し、攻撃ドローンや砲弾を供給することでロシアとの関係を深め、陰に陽にプーチンを支援する中国も加えて「新・悪の枢軸」を形成している。この内イランに対して、トランプ政権がバイデンの甘い政策を改め、全面的な締め付け方針に転換することは間違いない。

現に第1次政権時代、トランプは、オバマがまとめたイラン核合意を「これ以上考えようがない史上最悪のディール」と批判して離脱、以後、数次にわたって制裁を強化した（イラン核合意は、米国とイランに英独仏中露を加えた多国間合意。イランの核廃棄ではなく「核開発の時限的スピードダウン」と引き換えに多くの制裁を解除）。

一方、バイデン時代に悪化した米・サウジアラビア関係は急速に改善するだろう。脱炭素原理主義を掲げるバイデン政権は石油産業を「人類の敵」と位置付け、大産油国サウジとの多年にわたる友好関係を大きく掘り崩した。自由主義圏から新規開発資金が集まらなくなったサウジは、ロシアと中国に接近した。

アメリカが、脱炭素原理主義を迷妄と断ずるトランプ政権に替われば状況は一変する。サウジが「新・悪の枢軸」と距離を取り、自由主義圏の一員とまで言えないにしても伴走者となれば、中東の安定に資する。日本にとって好ましい展開である。

イスラエルも、バイデン民主党とは何かとぎくしゃくしたが、トランプ政権とは信頼関係を築いていた。米・イスラエル両国の情報機関が協同した対テロ秘密作戦なども行いやすい環境になろう。以下、第1次トランプ政権時代の米・イスラエル関係を振り返っておこう。

2017年12月6日、トランプ大統領は「エルサレムをイスラエルの首都と認定し、米大使館を同地に移転する」と宣言し、翌年、宣言通り大使館を商都テルアビブからエルサレムに移転させた。

この移転は何ら唐突な動きではない。米国では、移転に遡《さかのぼ》ること23年、１９９５年10月23日に「エルサレム大使館法」が成立している。１９９９年5月31日までに在イスラエル米国大使館をエルサレムに移すべしとした内容である。

しかし、当時法案に署名したクリントン大統領も、続くブッシュ長男、オバマ大統領も「アラブの反発」を恐れて踏み切れず、行政権限で実施を先送りにした（義務免除規定の行使）。それをトランプが、公約通り実行したわけである。どこにも違法性はない。

ところがトランプの移転宣言直後から、進歩派系のメディアや知識人が、「中東を大混乱に陥れる暴挙」と一斉に非難の声を上げた。日本でも尻馬に乗った「専門家」は多い。例えば外務省ＯＢの宮家邦彦は「まさか本当に実行するとは思わなかったので、文字通り言葉を失った。…この決定は米国外交上の大失敗であるだけでなく、中東地域の混乱と米国という国家のクレディビリティ（信用）失墜に拍車をかけるだろう」と慨嘆して見せた。

しかし、実際はどうなったか。当然起こると進歩派が「期待」した中東各地域での反米・反イスラエル暴動は起こらず、取材のため勇んで乗り込んだ米主流メディアの特派員たちは、「日常の継続」に落胆しつつ現地を去ることとなった。イスラム諸国首脳たちが型通りの批判を行い、国連総会で反米勢力を中心として非難決議が行われたものの（総会決議に拘束力はない）、暴動や焼き討ちといった事態は起きなかった。「トランプの暴挙」を嘆き、非難した進歩派はオオカミ少年に過ぎなかったわけである。

在エルサレム米国大使館は、特に混乱もなく、既存の米国領事館を模様替えする形で、２０１８年5月14日にオープンした。

なお進歩派は、「思慮を欠く無謀な行為」と批判したが、エルサレムに関するトランプ声明は、非常に慎重な言い回しを用いている。①エルサレムの地理的範囲や将来の帰属については、アメリカ政府は特定の立場を取らない、②イスラエルとパレスチナの「２国家共存」が当事者間で合意された場合は支持する、などである。

米大使館の移転先も、あくまで１９４８年の建国以来イスラエルが統治してきた西エルサレムであって、パレスチナ側が将来の首都と主張する東エルサレムではない。

トランプ政権で大統領安保補佐官を務めたボルトンは、歴代米政権はエルサレム問題に関して「テロの脅しに、余りに長い間屈してきた。トランプ大統領は、アメリカに脅迫が効くという印象を払拭したのであり、他の方面にも好影響を及ぼすだろう」と述べている。

実際、米国の影響力は増しこそすれ減りはしなかった。

アブラハム合意のさらなる進展

中東では、宮家邦彦が予言したような「米国という国家のクレディビリティの失墜」どころか、その後、「アブラハム合意」という名で、米国を仲介者とした、アラブ諸国とイスラエルの一連の関係改善が進むことになる。この名称は、ユダヤ教、キリスト教、イスラム教で共通して崇められる旧約聖書の父祖アブラハムに由来する。トランプ政権最後の年にあたる2020年、アラブ首長国連邦、バーレーン、モロッコ、スーダンが立て続けにイスラエルとの国交を正常化した。

スンニ派イスラムの盟主であるサウジアラビアは、イスラエルと上記諸国の航空機が自国領空を通過することを許すなど、これらの和解合意を黙認した。のみならず自身も、共通の敵であるイランを睨み、裏面でイスラエルとの関係を深めた。これもトランプ政権の仲介による。

進歩派は、エルサレムへの米大使館移転はイランの独裁政権と民衆を反米で団結させてしまい、その点でも非常に愚かと主張したが、事態は逆方向に動いた。イランでは、20

17年末から数週間にわたって民衆による、反米ではなく反政府デモが続いた。ホワイトハウスは、「勇敢な市民による真の民衆蜂起だ」とデモを称え、神権ファシズム政権を外部から揺さぶった。

ところが先に触れた通り、トランプ政権の後を襲ったバイデン政権が宥和政策に転じたため、イラン政府は財政危機ひいては政権存亡の危機から救われた。トランプ政権が続いていれば、イランの体制転換もあり得ただろう。ハマスによる2023年10月7日の残虐極まりない対イスラエル大規模テロ攻撃も、スポンサーのイランが財政難に陥り、米・イスラエル関係、米・サウジ関係が強固な中では、おそらく実行できなかっただろう。

ガザ地区におけるイスラエルのハマス掃討作戦については、第2次トランプ政権の与党となる共和党一般の考えも押さえておく必要がある。最大公約数的にまとめれば以下のようになる。

①テロ組織ハマスの背後にはイランのイスラム・ファシズム政権がある。テロを封じ込めるには、大本《おおもと》たるイランへの締め付けを強めねばならない。オバマ、バイデン両民主党政権の対イラン宥和政策は歴史的な誤りだった。

②ハマスの無力化を目指すイスラエルの軍事作戦は自衛権の発動であり、支援すべきである。ガザ地区で人道危機があるとすれば、その責任を問われるべきは何よりもハマスでありイランである。
③戦闘が続く間、避難先としてガザの住民を受け入れる責任は一義的にアラブ諸国にある。アメリカも必要な人道支援は行うが、ハマスの手に渡らないよう、それら避難先の国々に提供する形を取るべきである。
④国連パレスチナ難民救済事業機関（ＵＮＲＷＡ）は実質的にハマスの物資調達部門、テロ教育支援部門に他ならず、解体すべきであって、アメリカは拠出金を出してはならない。
⑤ハマスを支持する外国人の米国滞在許可を取り消すべき。
⑥ヨルダン川西岸の一部を統治するパレスチナ暫定自治政府は、イスラエルの生存権を認め、テロ支援を完全放棄せねばならない。

以上が共和党における大方《おおかた》の共通認識だが、第２次トランプ政権もこうした路線を踏襲するだろう。

なお、トランプおよび共和党も、将来像としては、両当事者の合意があるという条件で

「イスラエル・パレスチナ2国家併存」を支持している。ただし、ヨルダン川西岸はイスラエルが全面的にパレスチナ側に引き渡すべき「占領地」ではなく、少なくとも部分的にはイスラエルに主権主張の根拠がある「係争地」だという認識が一般的である。

過去にトランプ政権が提示した2国家併存の「叩き台」では、ヨルダン川西岸の一部をイスラエル領とする一方、現イスラエル領のある部分をパレスチナ側に割譲する形となっている。

またトランプ周辺は、まずイスラエル・パレスチナ紛争の「解決」がなければ、イスラエルと中東イスラム諸国の国交正常化はあり得ないとの立場は取らない。この点、オバマ民主党政権などとは大きく違った。

第2次トランプ政権は、「アブラハム合意」がオバマ的主張の誤りを証明したとの認識のもと、対イラン締め付け強化、パレスチナ暫定統治機構への厳正対処、サウジとの関係強化を核とした中東外交を進めていくだろう。

脱炭素原理主義からの脱却

第1次トランプ政権時代に、アメリカは世界最大の産油国となった。ところがバイデン政権が脱炭素原理主義を掲げ、米国内の石油、天然ガスの掘削に次々規制を掛けた結果、生産量が落ち、新規投資が滞るに至った。

バイデン政権は国際的にも、油田開発に資金が回らないよう様々な働きかけを行った。そのため、世界的に石油の供給量が減り、ガソリン価格などの高騰を招いた。バイデンの弱さが誘発したプーチンのウクライナ侵略も、日米欧が対露制裁を余儀なくされた結果、自由主義圏における石油、天然ガス不足、価格上昇につながった。

トランプ政権は、化石燃料に関するこれら「バイデン規制」を撤廃していくだろう。また、「温暖化パリ協定」からも再び離脱すると見られる。米企業の競争力を不必要に削ぎ、中国を利するだけであるとして、第1次トランプ政権が同協定からの離脱を表明したが、バイデン政権が離脱を取り消していた。この点、トランプ周辺に限らず、共和党の大勢も同じく「離脱が正しい」との立場を取っている。共和党がホワイトハウスを取るのみならず、議会の上下両院でも多数を握れば、政策転換は相当急ピッチで進められるだろう。

バイデンが力を入れた電気自動車（EV）推進政策も、トランプは公約通り、中止するはずである。欧州でも見直しが進んでおり、ハイブリッド車に強い日本の自動車産業にとっては歓迎すべき流れと言える。

総じて、日本政府や各自治体、国会、財界は、環境左翼に迎合する姿勢を早期に改めねばならない。でなければ、トランプ・アメリカを起点とする新たな潮流に乗り遅れ、一人、梯子を外されて転落することになろう。

エネルギー問題で注目すべき人物に、共和党の大統領予備選に名乗りを上げ、類まれな弁論力で強い印象を残した若手のビベック・ラマスワミがいる（1985年生）。保守的主張全般を完璧な滑舌で機関銃のごとく繰り出し、何を聞かれても言い淀むことがない。トランプとの関係は極めて良好であり、第2次政権で経済関係の要職に就く可能性が高い。

ラマスワミは、インド系移民の家庭に生まれたヒンズー教徒である。この点、クリスチャン中心のアメリカ社会では政治的にややハンディだが、「若いイスラム教徒の男性」（テロリストの大半を占める）のような警戒心を呼び起こすことはない。

ハーバード大学で生物学などを学んだ後、イェール大学法科大学院を修了。バイオテクノロジー会社を起業して成功を収め、相当な財を成した。

2022年、ESG（環境・社会・ガバナンスの頭文字を並べた進歩派の合言葉）やウォークに迎合した投資管理を強要する風潮を厳しく批判し、反ESG、反ウォークを掲げた投資管理会社を立ち上げた。ウォーク（woke）とは「目覚めた」の意味だが、近年のアメリカでは、日本の俗語の「意識高い系」に近い使われ方をしている。ラマスワミは、反炭素運動は「欧州発の気候カルト」であって、化石燃料の有効利用こそがアメリカの国力を高め自由主義圏を強くすると主張する。そして、「投資効率を度外視して『脱炭素事業』に資金を振り向けるＥＳＧ勢力とは徹底的に戦う」と宣言している。大統領予備選の運動中、ラマスワミは次のような発言を繰り返した。

ブラックロック、ステート・ストリート、バンガード（いずれもアメリカの大手資産運用機関）は人類史上最も強力なカルテルと評しても過言ではない。これら機関は、主要な公開企業ほとんど全ての最大株主となっており、互いに株を持ち合ってもいる。そして「皆さん」の資金をテコに、各企業の取締役会にＥＳＧ推進的な事業計画を押し付けている。投資効率は二の次で、イデオロギーが優先されている。大統領として、私はこうした動きの背後にある政府の「見えざる拳」を断ち切る。

ラマスワミは、連邦政府諸機関にも反ＥＳＧ、反ウォーク、経済成長重視の立場を徹底させねばならないと強調する。ウクライナのゼレンスキー大統領を腐敗した食わせ者と呼び、支援の即時停止を求めるなど、極端な非介入的発言も目立ったが、台湾に関しては、最先端半導体の重要基地である以上、あらゆる手段を用いて中国の侵略から防衛すべきだと論じている。

ラマスワミは、特に10代、20代の若い保守派有権者の間で支持率が高い。この点、中高年の支持が厚い反面、若年層への浸透が十分でない高齢のトランプを補完する存在としても共和党方面で期待されている。

なおバイデン時代においても、米議会は様々な対中締め付け策を法制化してきた。しかし政権の法執行がゆるく、散発的なため、十分な抑止効果を発揮できなかった。

その背後に、「気候変動こそが最大の安全保障上の脅威」というバイデン民主党の非常に筋の悪い認識がある。問題の解決には、世界最大の二酸化炭素排出国である中国の協力が不可欠であり、この点において中国をパートナーと位置付けるべきとの姿勢である。

中国側は当然この甘い認識に付け込み、「脱炭素で協力」の代償に、台湾政策、輸出入管理などあらゆる面で米側に譲歩を迫ってきた。バイデン政権における、中国の産業スパイに対する法執行の弱さもそうした一連の動きの一環だろう。

バイデン民主党も、統計を自由に操作できる中国共産党政権と「画期的な脱炭素合意」

ができたとしても、砂上の楼閣に過ぎないことは分かっている。バイデン政権が掲げてきた自国の温暖化ガス削減目標も、エネルギー自立を重視する共和党が下院で多数を占め、上院でも、採決に入るために必要な5分の3の議席を民主党が得ていない以上、実現不可能であることは承知している。現に、２０３５年までに火力発電所を全廃し、太陽光・風力発電に転換するためとする予算案は毎年否決されてきた。

それでも米中脱炭素交渉を政権の最重要課題に位置付けてきたのは、国内環境左翼へのアピールであると同時に、日欧に圧力を掛ける「芝居」の意味合いが濃い。アメリカと中国は「身を切る改革」に乗り出したのだから他の国々も従えという、内実を伴わない演技である。

小泉進次郎環境相を擁した菅義偉政権などは、この欺瞞に簡単に乗せられた。バイデン時代でさえ足元が定まらず、トランプ政権になれば確実に外される梯子に、これ以上登る愚を犯してはならない。

繰り返せば、第2次トランプ政権発足と同時に、バイデン的な脱炭素原理主義は放棄される。アメリカが、国内の石油、天然ガス掘削に対する過重な規制をやめ、エネルギー自立を重視する方向に転換することは間違いない。

なおトランプ陣営は、将来的にエネルギー安全保障の決め手になるのは「先進原子炉」だとしている。その中心をなすのは、工場で製造しトラック輸送できる数メートル規模のマイクロ炉を含む「小型モジュール炉」である。日本も参考にすべきだろう。

不法移民対策の強化

第1次トランプ政権が強化した米・メキシコ国境の管理を、バイデンが大幅に緩めた結果、不法越境者が激増した。トランプが大統領に復帰すれば、再び国境管理を厳しくしよう。欧州も、移民に関する従来の甘い対応を見直しつつある。行き場を失った「難民」たちが大挙日本に向かう事態も十分ありうる。

かつては、「文明」を旗印に、列強といわれた先進国が後進国を植民地とした。現在は逆に、「人権」を旗印に後進国が先進国を植民地化する時代である。きれいごとの「外国人受け入れ」政策は日本社会を不可逆的に崩壊させかねない。

不法移民は、経済的理由や犯罪目的の入境であっても、強制送還を避けるため「本国で政治的・宗教的迫害を受けた」と難民申請するのが常である。これに対してトランプは、「メキシコで待て」(remain in Mexico) 政策で応じた。

すなわち、国連難民条約締約国の責務として、難民審査を行い、該当する人物は受け入れるが、審査の順番が来るまではメキシコ領内で待ってもらう、その間アメリカには入れないという姿勢である。

これを、国境地帯での「難民キャンプ生活」を強いる非人道行為だと非難したバイデンは、難民申請者にアメリカ入国を許した上で、米国内の知人や支援者の家で、通常数カ月後となる審査の日を待つ形に改めた。当然ながら、指定の審査日に現れず、姿を消す人が続出した。

子供を連れていると米当局の対応が一段と甘くなるため、他人の子を斡旋するブローカーも暗躍した。子供は入国に「役立つ」が、一旦アメリカに入ってしまうと足手まといになる。そのため、路上に放置され、さ迷っているところを保護されるケースが多数報じられた。綺麗ごとの「人道的対応」が別の非人道的事態を生んだわけである。

不法移民も市民として受け入れるべきとする民主党の首長率いる「聖域市」群と、「国境戦争」の最前線にあって保守派の知事を持つテキサスなどの間で熾烈な攻防も展開されてきた。

「綺麗ごとを言うなら、責任も分かち合ってもらう」との立場を打ち出したテキサスのグレッグ・アボット知事、フロリダのロン・デサンティス知事（いずれも共和党）らは、バスや航空機をチャーターし、不法越境者の「聖域市」移送を進めた。

その結果、民主党の政治家間でも責任の押し付け合いが激化した。例えばニューヨーク市のエリック・アダムズ市長は、「難民申請者が次々なだれ込んできている。終わりの見えない危機であり、このまま行けば、ニューヨーク市は潰れる」とバイデンの無策をたびたび批判している。

ニューヨーク市ブロンクスを選挙区とする極左のヒロイン、アレクサンドリア・オカシオコルテス下院議員（略称ＡＯＣ。民主党）も、「移民問題はバイデン政権最大の弱点だ」と大統領批判を強めた。

ただし、これら民主党の首長、議員たちが主として政権に求めるのは、①難民申請者が、審査の結果を待たず、直ちに一般社会で働くことを認めよ、②彼らの住居費や医療費を連邦政府の責任で補助せよ等々である。ＡＯＣは「難民申請者は合法滞在者」だと言い、即座に米国市民同様に扱うべきだと主張する。

これは、アメリカに入り、難民申請さえすれば、その日から自由に働け、福祉の恩恵も受けられることを意味する。事実上、国境の全面開放と変わらない。バイデンもさすがにそこまでは踏み込めなかった。

しかし民主党内で不満が高まったためバイデンは、2024年6月4日、「思い切った新政策」を打ち出す。すなわち、「難民申請者」が2500人を超える日が1週間以上続いた場合、申請の受付を停止するというものである。

ただし、本人が体調不良を訴えるなど考慮すべき事情がある場合は例外とするなど「人道的抜け穴」に満ちていたため、予想通り、抑制効果は皆無に近かった。

この関連で興味深いのは、伝統的に民主党支持が圧倒的な黒人層において、トランプを支持する有権者が大幅に増えた事実である。民主党応援団ニューヨーク・タイムズの調査でも、黒人のトランプ支持が、大統領選の接戦州において平均20％を上回った。「(黒人の投票権が確立された)1964年公民権法の施行以来、共和党の大統領候補として最も高い数字」である。

単純労働者の割合が高い黒人層の場合、職において競合する不法移民の急増は失業に直結する。バイデン政権の無責任な移民対応に怒りが高まったのも当然だろう。

バイデン時代を通じて、中国からの不法移民も加速度的に増えた。まずビザが不要な南米のエクアドルに入り、コロンビア、パナマ、コスタリカ、ニカラグア、グアテマラと陸路を北に移動してメキシコ国境からアメリカに入る形が多い。２０２３年８月には月間４０００人を越えた。拘束された中国人の数が４０００人であり、発見されずに入境したケースを含めた実数はさらに膨らむ。中には中国政府が送り込んだ工作員もいるだろう。

アメリカ入境時には工作員でなくとも、中国政府が入境を把握すれば、家族を人質に取って、工作員になるよう迫ってくる。

なお、バイデンが国境問題担当に指名したカマラ・ハリス副大統領は、不法移民を減らすには中南米の経済発展など「根本原因」の除去が必要だといった一般論を述べるばかりで、批判の矢面に立つのを避けるべく、極力、国境地帯に近づかない姿勢を取った。「逃げ隠れ以外能がない」「笑って誤魔化す以外能がない」と言われる所以《ゆえん》である。

この間、テキサス州のアボット知事は、２０２３年７月、最も越境が盛んなリオグランデ川の渡河地点に、約３００メートルにわたり、球状のブイをチェーンで連ねたバリアを設置するなどの対策も取ってきた。越えようとしても、ブイが回転するため、越えられない。

ところがバイデン政権は、この装置は、①非人道的である、②船舶が航行可能な川に構造物を設ける場合、陸軍工兵部の許可がいるとした１８９９年港湾河川法に違反している、

③メキシコとの関係を悪化させる、などとして撤去を求める訴訟を起こした。
アボット知事は、連邦政府が国境管理の責務を果たさないから、やむなくテキサス州が取った措置をさらに妨害するのは論外として、徹底抗戦の構えである。トランプは、自らが政権に復帰すれば、直ちに訴訟を取り下げさせると公約している。国境管理をめぐる政争の、非常に分かりやすい事例の一つと言えよう。

選挙妨害のためのトランプ裁判

2024年3月18日、ロシア大統領選で再選を果たしたプーチンが記者会見に臨んだ。その中で、「ウクライナ侵攻を批判した元下院議員らが立候補資格を奪われた。そんな選挙が民主的といえるのか」と質問した米記者に対し、プーチンは、「アメリカでは大統領選の候補者に司法の力を使って政権が圧力をかけている。お笑い種で、米国の恥だ」と反論した。明らかな論点ずらしだが、事実には即しており、牽強付会《けんきょうふかい》とまでは言えない。

当時米国内でも、民主党応援団のCNNに「トランプは民主制を破壊するのでは」と誘導質問を受けた「第3の候補」ロバート・ケネディ・ジュニアが、「バイデンの方がより悪い。GAFA（フェイスブックなどIT企業大手4社）等とも組み、司法を武器に情報統制している」と応えている。

ここで、トランプを被告とした一連の刑事裁判の実態を見ておこう。いずれも左翼活動家的な検察官による、政治的意図が濃厚な訴訟である。なお連邦検察官や特別検察官はバイデン政権が任命した人物、州や自治体の検察官は選挙で選ばれた人物である。その多くは、選挙戦中に反トランプ的公約を掲げていた。

なお、これら訴訟の結果、米保守派の間では、トランプへの失望どころか、「バイデンによる司法の武器化」「卑劣な選挙妨害」などと怒りの声が高まり、かえってトランプ支持が固まった。

それら訴訟の一つ、トランプが「不倫口止め料」をめぐる業務記録改竄の罪に問われたニューヨーク州マンハッタン地区の刑事裁判では、2024年5月30日に陪審団が有罪評決を出している。この地域は民主党の牙城であり、意外性はない。

大統領経験者が刑事被告人とされたのは史上初めてである。トランプは、当該ポルノ女優（芸名ストーミー・ダニエルズ）との性交渉の事実自体を否定し、顧問弁護士が行った金銭のやり取りに関しても違法性を否定している。

この件は、「トランプでなければ起訴されなかった」というのが、リベラル派も含めた法曹関係者一般の見方である。現に、前任、前々任の検事は、市民から告発を受けながらも立件しなかった。

訴追に当たったアルビン・ブラッグ・ニューヨーク郡地方検事（民主党員）は、2021年の選挙で当選した当初は、この事案でトランプを起訴するのは困難との立場だったが、支持基盤である左翼勢力から圧力を受け、結局2023年1月、起訴した（正確には、起訴の可否を決める大陪審の設置を求め「有罪証拠」を提出。市民から成る大陪審の過半数が起訴相当と判断し「正式起訴状」を発布）。

この裁判の法的問題は以下のように整理できる。まず「口止め料」の支払い及び受取り（秘密保持契約）そのものは違法ではない。ただし他の重大犯罪に絡んで行われた場合は重罪となる。

ブラッグ検事は、裁判開始に当たって、何が具体的に「他の重大犯罪」に当たるかを示さなかった。そもそも「他の重大犯罪」があるなら、まずそちらで起訴するのが常識的対応と言える。明らかに無理筋の起訴だった。

また、弁護士を通じた金銭の受け渡しは2016年であり（トランプがヒラリーを破って大統領に当選した年）、すでに時効（5年）が成立していた。ところが、コロナ禍で検察活動が制約された数年間は時効停止と見るべきで問題はないというのが、検事及び担当裁判官の解釈である。これも相当無理筋である。

コロナ禍以前に任にあり、自由に捜査できた地方検事も連邦検察官も、この件でトランプを起訴しなかった。違法性なしとの判断からである。普通に見て、時効期間が経過したにも拘わらず、大統領選のさなかに起訴したのは、選挙妨害が目的と言われても仕方ないだろう。

そもそもポルノ女優ダニエルズは合意の上のセックスだったと述べており、事実性行為があったとしても、セクハラや強姦事件ではない。沈黙料13万ドル（約2000万円）を受け取りながら、トランプが大統領候補になったのを見て、マスコミに出た方が儲かると秘密保持契約を反故にした彼女の行為は褒められたものではないだろう。

その後、「あんな馬面は好みではない」「嘘つき」といったトランプの発言に傷ついたとしてダニエルズは名誉棄損の民事訴訟を起こしたが、裁判所は「言論の自由の範囲内」と訴えを退け、逆にダニエルズ側にトランプの訴訟費用を弁済するよう命じた。全体として、余りに低俗で小さなケースなのである。

もう1件、トランプの「機密文書持ち出し事件」を見ておこう。

2023年6月8日、バイデン政権が任命した特別検察官ジャック・スミスが、大統領時代の機密書類を持ち出して保持していたことが違法行為に当たるとしてトランプを起訴した（なお、この特別検察官任命は、トランプが正式に大統領選出馬を表明した3日後であり、選挙妨害の意図を疑うなと言う方が無理だろう）。しかし同じように副大統領時代の機密書類を持ち出し、自宅ガレージなどに保管していたバイデンについては不起訴とした。明らかな二重基準である。

バイデンは、自らの回顧録を執筆したゴーストライターにそれらの文書を見せたとしており、機密文書管理のゆるさにおいてトランプを上回っている。

にも拘らず、バイデンについては不起訴とした理由を検察官は、「大統領は記憶力に乏しい、善意の老人」であり、陪審員が責任能力なしとして無罪評決を出す可能性が高いためだとした。要するに、認知能力が著しく減退していて刑事罰を科せないというわけである。

当然ながら共和党陣営からは、「それほど老化が進んだ人物が核のボタンを握ってよいのか、若い兵士を戦地に送る決定を下す最高司令官の地位にあってよいのか、直ちに辞職すべき」との声が強く上がった。

これら一連の反トランプ訴訟には、バイデンの次男ハンターに係る各種の裁判を相殺、中和しようという意図も明らかに見て取れる。

２０２４年6月11日、ハンター・バイデン裁判の一つ、麻薬中毒状態での銃器購入および違法投棄の責任が問われた刑事裁判で有罪評決が出た。バイデンの地元デラウェア州の市民から成る陪審団ですら、可罰的違法性を認めたわけである。

ハンターはヘロイン中毒、アルコール中毒、「買春狂」の上、親の威光を振りかざしての国際的なゆすり、たかり行為が長年問題視されてきた。ウクライナのエネルギー企業から巨額の「顧問料」を得たケースでは、バイデン副大統領（当時）が、同企業の不正を捜査していた検察官を更迭しなければ軍事支援を差し止めるとウクライナ当局に圧力を掛けたことが明らかになっている。

詐欺的な投資話に絡んで、ハンターが中共に弱みを握られている可能性も高い。父親であるバイデンも、監督責任はもちろん、自らの存在をちらつかせることで不正に関与した疑いを持たれている。「バイデン犯罪一家」(Biden Crime Family）という保守派からの非難の声はあながち無根拠ではない。

２０２４年7月1日、米連邦最高裁は、トランプが２０２０年大統領選の結果を覆そうとしたとの罪でスミス特別検察官が起訴したケースを巡り、大統領の免責特権に関して次のように判示した。
①大統領が憲法上の権限で行った行為については、刑事責任の追及から完全に免れる、
②大統領には、すべての公的行為に関して、少なくとも免責が推認されねばならない、
③非公的な行為については免責されない
　そして、以上３つのカテゴリーのどれに、いかなる理由で当てはまるのか、厳密な腑分けを行う必要があるとして、事案を下級審に差し戻した。

　この最高裁の判断を受け、当該裁判は２０２４年11月５日の大統領選前に結審する可能性はなくなった。トランプ側は、もともと民主党が選挙妨害を意図して起こした訴訟だから、この先送り決定は事実上の勝利だとのコメントを出している。

　なお、トランプが再び大統領に就任すれば、バイデンが任命した特別検察官を解任するのは確実なので、起訴そのものが取り下げとなり、裁判は終わる。

　しかも同年7月15日、トランプによる大統領退任後の機密文書保持の違法性が問われた裁判で、フロリダ連邦地裁（アイリーン・キャノン判事。トランプ時代に任命）は、議会の承認手続きを経ない特別検察官の任命自体が憲法違反であり、起訴は成り立たないとして、事案を門前払いする決定を下した。トランプ側にとって更なる追い風と言える。

州の検察官が起こしたものについては続くだろうが、仮に有罪となっても大統領在任中は収監されず、退任後も「高齢で初犯」のため、前例に照らして収監の可能性はほぼない。憲法上大統領は通算2期8年しかできず、トランプが2028年大統領選に出ることはない。そもそも選挙妨害を意図した起訴であり、民主党側も裁判継続に力を注ぐ動機を失うだろう。

第2章　「安倍亡き日本」にトランプの手綱は握れるか

プロローグ――巨星墜《お》つ

あれから全てが変わった

２０２２年7月8日、安倍晋三元首相を、そして日本国を悲劇が襲った。

「手製の銃で安倍元首相を襲おうとした男が取り押さえられた――」

警備がしっかりしていれば、本来これで終わる話だった。第２次トランプ政権の誕生が濃厚となる中、日本としては、岸田に代えて安倍をもう一度政権の座に据える、で準備はひとまず完了だったはずである。しかしその道は断たれた。保守政治の羅針盤と言うべき掛け替えのない政治家が、ああもやすやすと暗殺されたことに、改めて強い怒りと痛恨の念を禁じ得ない。

アメリカのレーガン大統領暗殺未遂事件（1981年3月30日）では、犯人の発砲から3秒後にレーガンを乗せた車両が現場を離れ、4分後には、比較的近くにあるジョージ・ワシントン大学病院に入っている。犯人の連射の間、身を挺したシークレットサービス1人が被弾した（報道官、地元警察官も被弾）。

銃弾1発が肺に達していたレーガンは移動の車内で吐血、病院到着時には血圧が60まで下がり、呼吸困難に陥っていた。手当てがもう少し遅れれば危なかった。幸い、体内に入ったのは、まず車体に当たって跳ね返った弾だったため、その分勢いが弱まり、心臓から約2センチのところで止まっていた。

銃を持ち、記者団に混じる形で待っていた犯人を事前に確保し、現場から排除できなかった点、日本の場合と同様、警備の大失態であるが、発砲後の対処はまるで違った。

あの時（大統領就任からわずか2カ月）、もしレーガンが他界していれば、副大統領のブッシュ父が後継となっていた。「勝利によって冷戦を終わらせる」「私の冷戦戦略を言おう。我々が勝つ、彼らが負ける。これが私の冷戦戦略だ」を口癖とし、ソ連崩壊を目指して様々に圧力を強めていった保守ハードライナーのレーガンと異なり、ブッシュは安定重視の平和共存論者だった。

アメリカが１９８０年代を通じて、レーガン政権ではなくブッシュ父政権だったとすれば、ソ連崩壊は相当先に延びたかもしれない。ひょっとすると、プーチンの肩書はいまだにソ連共産党書記長だったかもしれない。

減税、規制改革による経済活性化を信条としたレーガンは、「強いアメリカ復活」の礎《いしずえ》も築いた。アメリカは、レーガンが生き残ったことによって救われた。トランプが危うく暗殺を免れたことも、おそらく同じ意味を持つだろう。しかし日本は、アメリカほど幸運ではなかった。

「ともに戦う男」か否か

安倍晋三首相はなぜトランプ大統領と信頼関係を築き得たか。

第１次トランプ政権がスタートした２０１７年、北朝鮮の独裁者・金正恩による、アメリカ本土攻撃を睨んだ長距離ミサイルの連続発射実験およびトランプに対する挑発的言動で朝鮮半島が一触即発の緊張状態に陥った。トランプは軍に、金正恩を狙った斬首作戦を準備させた。この時、「火炎と憤怒」(fire and fury)を合言葉に、軍事力の先制行使も辞さないとするトランプの姿勢を、安倍首相は、全面的に支持すると表明した。

同じく同盟国と言っても、ドイツやフランスなど遠方の欧州NATO諸国の支持は、外野席からの応援の域を出ないが、東アジアに位置し、朝鮮半島に近接する日本の首相の明示的な支持は、在日米軍に対する後方支援や自衛隊による米艦防護など、具体的協力に踏み込むことを意味した。

同じ頃、先制攻撃と見られかねない作戦に在韓米軍基地を使わせないと発言してトランプを激怒させた文在寅韓国大統領との違いは明らかだった。トランプが以後、「有事に共に戦う男」として安倍に信頼を寄せる一方、「背を向け、敵方に走る男」として文在寅への侮蔑を露骨に示すようになったのは、こうした事情による。危急の秋《とき》に信頼できる同志であること、すなわち真の同盟国であることが、当然ながら、正しい「トランプ対処法」の第一であり、肝《きも》である。

安倍がG7首脳会議の場で陰に陽にトランプを擁護する発言をしたとか、一緒にゴルフコースを回ったなどは、あくまで副次的なことである。

危機にあって文在寅同様の対応をする人物が日本の首相になれば、トランプとの関係は最悪となろう。例えば石破茂について、私は複数の元自衛隊最高幹部から次のような感想を聞いた。

石破さんは肝心なときに逃げる。2008年の防衛相時代に起こった「護衛艦あたご漁船清徳丸衝突事件」が典型で、自分だけいい子になり、部下をかばわず責任を押し付けた。自衛官は誰も彼を信用しないどころか怒りを覚えている（同事件では、のちに刑事裁判で自衛艦側の無罪が確定）。

石破は拉致問題でも「仲間」を裏切った過去がある。小泉純一郎首相の第一次訪朝時、石破は拉致議連会長だった。5人のみ生存と言う北朝鮮側の虚偽通告に対し、拉致被害者家族会、救う会は制裁で応えるよう政府に強く要請した。

ところが、宥和派の福田康夫官房長官から、救出運動を抑え込む側に立つことを条件に、防衛庁長官ポストを提示された石破は、迷うことなく飛びついた。以後、「制裁は北のミサイル攻撃を招く。ミサイル防衛システムが完成するまで、制裁云々は考えるべきではない」旨の発言を繰り返すようになる。

これは救出運動に対する裏切りであると同時に、国防を預かる者としては、あってはならない発言である。「北が日本に対してミサイルを発射したなら、直ちに相応の反撃をする」と明言し、抑止力を効かせるのが本筋の対応だろう。「ミサイル攻撃をするぞ」と一言《ひとこと》発しさえすれば、日本は制裁を取りやめるとなれば、北は日本を完全に舐めて掛かることになる。こういう人物は、首相はおろか国会議員の資格すらない。

憲法改正せずともできる解釈正常化

第1章でも触れたが、日米同盟を強固にするには、日本は、集団的自衛権に関する現行の憲法解釈を早急に改めねばならない。この点に関する限り、憲法改正は不要である。現憲法下で結ばれた旧日米安保条約（1951年調印、翌年発効）は、集団的自衛権の「行使として」日本はこの条約を希望したと明記している。原文を引いておこう。

国際連合憲章は、すべての国が個別的及び集団的自衛の固有の権利を有することを承認している。これらの権利の行使として、日本国は、その防衛のための暫定措置として、日本国に対する武力攻撃を阻止するため日本国内及びその附近にアメリカ合衆国がその軍隊を維持することを希望する。

ところが、それから５年後の１９５６年、時の鳩山一郎政権が、安保問題をめぐる野党の追及に窮したあげく、大きな禍根を残す逃げの憲法解釈を打ち出した。引いておこう。

わが国が、国際法上、このような集団的自衛権を有していることは、主権国家である以上、当然であるが、憲法第９条の下《もと》において許容されている自衛権の行使は、わが国を防衛するため必要最小限度の範囲にとどまるべきものであると解しており、集団的自衛権を行使することは、その範囲を超えるものであって、憲法上許されないと考えている。

日本は主権国家として、当然ながら集団的自衛権を有するが、憲法がその行使を禁じている、すなわち「持っているが使えない」というわけである。呆れた自縄《じじょう》自縛《じばく》と言うほかない。旧安保条約が示した常識的な憲法解釈を恣意的に改変したものであった。そして、条約の明文規定と政府答弁のどちらが重いかと言えば、言うまでもなく条約の方が重い。

政府は鳩山内閣以来の歴史的誤りを正し、必要とあれば集団的自衛権を行使するという国際常識の立場に立たねばならない。繰り返すが、そのために憲法改正は必要ない。

日本の責任範囲を明確に

東アジアに位置する日本にとって、自由主義圏の先頭に立って取り組むべき最大の課題は、中国共産党政権の封じ込め、さらには中国の体制転換をも視野に入れた巻き返しであろう。

自由主義陣営における地政学的な「分業」を考えれば、ウクライナに対する軍事支援、復興支援などは、欧州NATO諸国の責任範囲と言える。第1章で見たとおり、米議会、特に下院共和党においては、国内のインフラ整備や「国境の壁」建設など、自国の強靭化に使うべき予算が東欧に回され続ける事態を納税者に説明できないとの不満が着実に高まっている。最新兵器がウクライナに流れると、戦略的により重要な台湾防衛に支障が生じかねないとの懸念もある。

同じ議論は、日本の国会においても当然なされねばならない。日本は基本的に、台湾周辺（日本の南西諸島も含む）を中心とした東アジアにおける抑止力強化を自らの責任範囲と捉え、主体的に取り組む必要がある。一方、ウクライナ支援は基本的に欧州諸国に委ねるとする「戦略的優先順位の設定」がなければならない。予算は無限にはない。

官僚機構は「局あって省なし」と言われるが、外務省においても、東アジア、中東、東欧、南米、アフリカ等々それぞれを担当する部局が「必要不可欠な援助予算」を挙げてくる。大局を見て優先順位をつけるのは政治の仕事である。

バイデンの残り任期が危ない

2024年6月27日の大統領候補討論において、バイデンの認知能力低下が覆いがたく明らかになった。挽回を期した7月11日のNATO首脳会議でも、記者会見でゼレンスキーをプーチン、カマラ・ハリスをトランプと言い間違えるなど、一層衰えを印象付けた。「バイデン政権の残り期間が危ない」とトランプ陣営の幹部らは言う。

対外的な腰の弱さが証明済みの上、臨機の、速やかな判断ができないバイデンが大統領、すなわち米軍の最高司令官の間に、出来るだけ既成事実を作ってしまう。そうした動きに習近平や各地のテロ勢力が出てきかねない。いや、現に出てきているではないか、という意味である。

台湾は、太平洋とインド洋、中東を結ぶ海上ルートの結節点に当たる。中共は、領海侵入や軍事演習を瀬踏み的に繰り返し、相手の対応能力を確かめつつ、本格的な侵攻の準備を整えていく。これは、例えば中印国境などで、半世紀以上にわたって継続的に見られるところである。

数年前、インド政府の安全保障担当補佐官と懇談した折り、私が「最近、尖閣に対する中共の威圧的動きが強まってきた」と述べたのに対し、高官は同感と憐れみが相半ばする笑みを浮かべながらこう言った。

日本もようやく分かりましたか。それが中国です。友好を謳《うた》った首脳会談が行われたとか、なごやかな文化的イベントが開かれたとか、一切関係ありません。軍事的には変わらぬ姿勢でゴリゴリ押してくる。弱みを見せたら終わりです。一気に既成事実を作られる。負担になろうとも、そのつど押し返さねばならない。

尖閣をめぐるその後の中国の動きは、このインド政府高官の言の正しさを証明して余りある。

抑止力としての日米台合同軍事演習

2018年の台湾旅行法によって、米台間では、軍当局者同士の直接接触に法的裏付けが与えられた。すでに米国内の基地などで合同軍事演習が実施されている。問題は日本である。

対中抑止力を高めるには、目に見える形で日米台3国が軍事協力関係を深化させることが必要になる。ところが日本側の腰が引けており、東京を訪れる台湾軍当局者はいまだに防衛省内に立ち入りを許されない。外で密かに会う状態が続いている。合同軍事演習など夢のまた夢である。

台湾の与党民進党筋からは、日本版・台湾旅行法を作ってもらいたい旨の要請が、日本の超党派議員連盟である日華議員懇談会（日華懇、古屋圭司会長）に対してたびたびなされてきた。

中共の反発を恐れる自公政権や外務省が、意味ある法案を閣法として提出することはあり得ない。日華懇を中心に、議員立法として成立させる以外ないだろう。2023年6月、左翼活動家に迎合したLGBT利権法を、議員立法の形で、ろくに審議もせず強行成立させた国会である。意思さえあれば、出来ないはずはない。米国の台湾旅行法を参照すれば、法案作りにさほど時日を要しないはずである。

日米台の参謀部同士の連携強化は急務と言える。戦争では、「敵味方不明の戦闘機が近づいてきたら撃て」が基本である。逡巡していると、自らが撃墜されかねない。合同軍事演習を通じて、瞬時の情報交換法を確立しておかないと、同士討ちの悲劇を生む。国会が無為に耽《ふけ》るほどに、自衛官の命は危険になる。

他国防衛のための大規模遠征演習は必要最小限にとどめ、その予算を国内のインフラ整備や米軍の装備充実に振り向けたいとの意向がとりわけ強いトランプは、中国が台湾に対する軍事的圧迫を控える限り、米軍にも、踏み込んだ合同軍事演習などは控えさせる可能性が高い。第1次政権時代に、米朝首脳会談で緊張が緩和したのを受けて、米韓合同軍事演習を中止ないし縮小したのが好例である。

しかし逆に、中国が挑発的行動に出た場合には、対抗措置として、台湾海峡周辺での日米台合同軍事演習の速やかな実施を命じるかも知れない。相手が舐めた行為に出てきたら、衆人環視のもと10倍返しし、「トランプを出し抜こうとすると、ここまでの目に合うのか」と周知させて抑止力を高める、がトランプの路上哲学である。

そうした時、日本が、「集団的自衛権を保有するが行使できない」などと意味不能の論理で参加を拒めば、「ならば日米安保条約を廃棄する」という展開にもなりかねない。第1章で詳述したとおりである。

２０２４年５月20日、台湾の首都台北で頼清徳新総統就任式典が開かれた。私も一般招待客として参列した。

日華懇も古屋会長以下31名の代表団で訪れた。議員の数では、各国中最大だった。中国の反発を恐れずに参加した議員たちの姿勢は評価できる。頼総統も式典後に、日本の議員団のみを対象にした昼食会を催して応えた。しかし台湾側からは、日本の政治家に対する不満と苛立ちの声も聞こえてくる。

大統領選を中心に選挙戦がヒートアップする中、長時間のフライトを強いられることもあり、バイデン政権が派遣した数名の、半ば引退した長老を除き、アメリカの現職政治家の姿は見えなかった。

しかし米議会は、中国の脅威の高まりを前に、「台湾旅行法」「台湾抵抗力強化法」などその本分たる立法行為を通じて、着実に米台安保関係強化の地固めをしてきた。すべての法案が議会発である大統領制の下では当然と言え、米国では、議会が先導する形で必要な法整備を行ってきた。日本は明らかに立ち遅れている。

安倍元首相が遺した「台湾有事は日本有事、日米同盟有事」という言葉を誰も聞かなかったかの如く、国会は眠ったような状態で推移している。

台湾側の不満はそこに関わる。日本の議員たちは、台湾を訪れては時の総統との面談を求め、ツーショット写真をＳＮＳに載せる。台湾側が有事を話題にすると、在台日本人をいかに速く脱出させるかという「逃げる話」しかしない。そして、鉄道車両の売り込みなどビジネスの話に移る。日本版・台湾旅行法といった肝心の話には反応がない。中共の反発にも拘わらず、いやむしろそれが故に、上下両院とも同種の法を全会一致で通過させた米議会との差は余りに明らかである。

中共は、「尖閣諸島は中華人民共和国台湾省の一部」と規定している。「台湾有事は日本有事」という安倍元首相の言葉は、意見ではなくファクトである。

軍人同士の詰めた協議がなければ、合同軍事演習などできない。「日本版・台湾旅行法」の早期成立は国会の責務である。

中国に再び強く当たる

２０２４年5月20日、中国の呉江浩駐日大使が、日本が「台湾独立」や「中国分裂」に加担すれば「民衆が火の中に連れ込まれることになる」と恫喝発言を行った。

産経によれば、「（この発言は）同氏が東京都内の在日中国大使館で開いた台湾問題と日中関係について意見交換する座談会で飛び出した。座談会には元外務省関係者ら10人以上の招待者がいたが、呉氏をたしなめる同席者は見られなかった。呉氏は昨年４月に都内の日本記者クラブで行った記者会見でも、同様の発言を行っていた」とのことである。

当然、撤回を求め、呉大使が応じなければ「好ましからざる人物」（ペルソナ・ノングラータ）として国外退去させるべきであった（退去命令は、外交特権の付与とセットの、接受国の権利であり、理由を言う必要もない）。

中国は報復として、在北京日本大使を放逐するだろうが、代わりを送ればよいだけの話である。なお、外交官を装った情報部員を放逐すると、相手も情報部員を放逐するので、大使を退去させる場合より「痛手」が大きく、情報機関が反対するケースが多い。

２０２０年7月19日、トランプ政権のポンペオ国務長官は、医療関係等のスパイ活動の拠点となっていた在ヒューストン中国領事館（テキサス州）を完全閉鎖し、72時間以内に全員退去するよう崔天凱駐米大使に伝えた。これに比べれば、駐日中国大使の放逐など大した話ではない。

なお中国側は、報復として在香港アメリカ領事館を閉鎖すると米側に圧力を掛けたが、結局、より重要度の低い在成都領事館の閉鎖に留めた。

日本の核抑止力整備に賛成する

台湾有事に際して中国は、日本の動きを牽制するため、「核の恫喝《どうかつ》」カードを切ってくるかも知れない。対抗上最も効果的なのは、日本独自の核抑止力を持つことである。

速度がマッハ10を超える上に、変則軌道を取る極超音速ミサイルの開発が、国際的に進んでいる。この速さと変化を持つミサイルの迎撃はほぼ不可能であり、飽和攻撃(同時大量発射)の場合は絶対に不可能である。野球で言えば「時速500キロの変化球が複数飛んでくる」状態に相当する。

核ミサイルに関する限り、世界は攻撃側が圧倒的に優位な時代に入った。そうした状況下では、報復能力を明示することで攻撃を思いとどまらせる以外ない。特に独裁政権に抑止力を効かそうと思えば、司令系統中枢に壊滅的被害を与える能力を示すことが必須となる。

習近平や金正恩にとって怖いのは、自身の「無力化」である。中国で言えば最高幹部が蝟集《いしゅう》する中南海、北朝鮮で言えば金正恩執務室のある労働党本館や特閣(専用別荘)、軍の指揮統制所などが代表的標的となろう。

一般民衆にできるだけ被害を与えずに、これらを無力化する地下貫通型の強力核ミサイルを残存性の高い潜水艦に搭載して配備するのが、日本にとって最も合理的な抑止モデルと言える。

それは、イギリスが採用してきた「連続航行抑止」(continuous at sea deterrent, CASD）に近い。英政府はこれを「最小限の、信頼性ある、独立した核抑止」と呼び、次のように解説する。

英国海軍は、連続航行抑止すなわち少なくとも1隻の核兵器装備潜水艦が、最も極端な脅威に対応するため、発見されずに常時パトロールを続ける態勢を維持してきた。

具体的には、バンガード級戦略原潜（全長約１５０メートル、乗員１３５名）4隻が、それぞれ16基のトライデントⅡミサイル（1基当たり核弾頭を3発装備可能）を積み、常時１隻は必ず外洋に出て抑止力とする態勢を指す。

原子炉がエネルギー源のため、性能的には、燃料を補給せずとも（すなわち母港に戻ることなく）世界を40周できる。

「核アレルギー」論に安住していては国民の生命、財産は守れない。日本も、同じ島国である英国の抑止戦略を参考に、独自核抑止力の保持に動くべきだろう。「核共有」は、運搬手段に関して同盟国も責任を分担するというに過ぎず、核の発射ボタンはどこまでも米大統領が握る。これは「核の傘」の変化形に過ぎず、日本が主体的に運用できる抑止力とはなり得ない。

アメリカの「核の傘」に頼りながら「持ち込ませず」とする偽善を打破するうえで「核共有」には一定の意義がある。しかし、あくまで「下請け核」の域を出ない。「唯一の被爆国が核抑止力を持つなど許されない」がいまだ日本では決まり文句となり、思考停止を呼んでいる。論理的には無論逆で、唯一の被爆国であればこそ、3回目の被爆を避けるため、誰はばかることなく核抑止力を持ち得る。自縄自縛の洗脳を解かねばならない。

この核抑止力の保有も、集団的自衛権の行使同様、憲法改正は必要ない。「自衛のための必要最小限度の範囲内にとどまるものである限り、核兵器であると通常兵器であるとを問わず、これを保有することは第9条第2項の禁ずるところではない」というのが、1976年3月11日の政府答弁以来、歴代内閣が継承してきた憲法解釈である。必要なのは政治の意志だけである。

トランプ陣営で安保政策作成の中心にある「アメリカ第1政策研究所」のフレッド・フライツは、「危険な核保有国北朝鮮、中国、ロシアに囲まれた日本が真剣に核保有を目指すならサポートする」と言う。日本は、英国よりはるかに危険な状況に置かれている。英国と違って第二次大戦の敗戦国だから核抑止力を持てない、という自縛的議論も結局のところ、無為を正当化する敗北主義に過ぎない。

エネルギー政策～脱炭素より電力料金引き下げ

トランプ陣営は、バイデン流の脱炭素原理主義を排する。炭素削減で中国の「協力」を得る必要など感じない分、戦略分野のサプライチェーン（供給連鎖）から外すなどの対中締め付け策を着実に進めていくことになろう。

化石燃料の利用に関するバイデン政権のハラスメント的規制は順次、解除されていく。高効率の火力発電所と最新型の小型原子力発電所を主要電源と位置付け、電力料金低下を図って、製造業のアメリカ回帰を進めていく。日本が、太陽光、風力など変動電源の割合増加にこだわるならば、電力料金上昇に歯止めが掛からず、アメリカに逃げる企業も続出するだろう。トランプはその傾向に拍車をかけるため、日本から完成品を輸出する場合には高関税を掛けるなどの戦術も使ってくる。

日本も脱炭素原理主義から脱却し、原発の再稼働、新増設を進めるなど、電力料金の引き下げに掛からねばならない。最も重要な「トランプ対策」の一つと言える。

核分裂エネルギーを制御して用いる原子力発電は、現代文明の粋と言うべき技術である。ところが、ことさら原爆と同一視して「核アレルギー」を煽り立てる無責任な議論も絶えない。小泉純一郎元首相などその典型である（第5章参照）。

彼ら反原発活動家や「平和主義者」の恫喝的言動は、事実上、北朝鮮のようなテロ国家による核攻撃の脅しと連動している。原爆には被害国を長期にわたって委縮させる効果がある。日本はその見本と言われても仕方がない。

安倍は、自民党の「最新型原子力リプレース（建て替え）推進議連」の顧問を務めるなど、原発の新増設や高効率石炭火力発電所の新設にも積極姿勢を見せていた。2022年夏の参院選後には、活動のギアを上げていたはずだが、残念ながら凶弾に倒れ、果たせなかった。反原発を掲げる政治家たちは、日本衰亡の主導者と言わざるを得ない。

中東政策〜イランへの制裁強化へ

第2次トランプ政権発足を機に、日本の中東政策も、従来の八方美人・カモネギ外交を脱する必要がある。「パレスチナ支援金」は、一般住民の生活向上ではなく、腐敗したパレスチナ暫定統治機構幹部やハマス幹部の懐に入り、かなりの部分がテロ支援に流用されている。

中東を混乱に導いたバイデン政権ではなく、「アブラハム合意」に代表される成果を上げたトランプ陣営の知見と行動力に大いに学ぶべきだろう。

ポンペオは安倍元首相について「何度でも言うに値するが、この類まれなリーダーの暗殺は、世界にとって何たる喪失だったか」と回顧録に記している。ただし、その安倍においても、「イラン認識は甘かった」という。

日本の政界全体が、「イランは伝統的な親日国」という片思い的幻想から脱皮せねばならない。イラン国民一般はもちろん別だが、現在のイスラム・ファシズム政権は崩壊させるべきテロ勢力であって協力相手ではあり得ない。

なおイランを巡って、最もトランプの逆鱗に触れた同盟国首脳は、フランスのマクロン大統領であった。マクロンはトランプに対し、制裁強化ではなくオバマ流の宥和政策に戻るよう、執拗に働きかけた。ポンペオによると、トランプは最終的に堪忍袋の緒を切らし、「二度と掛けてくるな」と電話を叩き切ったという。

マクロンのイランや中国に対する宥和姿勢は、それらの国々の体制の悪を捨象して商機拡大を求める、骨がらみのもので、米保守派との軋轢が絶えない。日本は間違っても同調してはならない。

2023年10月7日早朝、ガザ地区を実効支配するテロ組織ハマスが、イスラエルへの大規模なテロ攻撃を行った。

この時、自国民30人以上を殺害され、20人余りを拉致されたアメリカでは、人質の救出は米国政府の責務であり、イスラエル任せでなく、米軍の特殊部隊を派遣すべきとの声が、保守派を中心に多数上がった。「平和憲法」の日本ではあり得ない光景である。

一例として、保守強硬派で、イラクで戦闘経験もあるトム・コットン上院議員（共和党）のバイデン大統領およびオースティン国防長官宛て公開書簡を見ておこう（2023年10月12日付）。コットンは第2次トランプ政権の外政に深く関わるであろう人物である。

アメリカは、人質救出の特別訓練を受けた特殊部隊を有している。これらの部隊は、諜報活動と救出計画作成を支援するため、すでにイスラエルに入っている。私はこのエリート戦士たちを、米国人人質を救出する直接任務に用いるよう大統領と国防長官に強く求める。僥倖《ぎょうこう》を期待してはならない。イスラエルは我々の最も緊密なパートナーだが、アメリカ市民の安全確保は米国政府の責務である。

しかしバイデン政権は動かなかった。この問題に関しては、岸田首相の対応も非常に疑問だった。ハマスによるテロ攻撃の翌日、岸田はXに次のようにポストしている。

多くの方々が誘拐されたと報じられており、これを強く非難するとともに、早期解放を強く求めます。また、ガザ地区においても多数の死傷者が出ていることを深刻に憂慮しており、全ての当事者に最大限の自制を求めます。

いかにも役人くさい文章だが、「北朝鮮に国民を拉致されている日本としては、絶対に看過できない。速やかな解放に向け、全面協力する」くらいは言うべきだったろう。

もちろんその場合、実際に協力を求められるかも知れない。それを避けるために、「拉致」

ではなく、誘惑や拐《かどわか》しの色が強い「誘拐」という言葉を用い、「最大限の自制」を求めたのだとすれば情けない。

2日後に記者会見した松野博一官房長官（当時）も、「罪のない一般市民に対する攻撃や誘拐はどのような理由であれ正当化できず」云々とやはり「誘拐」を用いた原稿を棒読みしていた。普段から「拉致問題解決への協力」を国際社会に求めている手前、「拉致」なら動かざるを得ないので「誘拐」にしたと見られても仕方ないだろう。

ハマスの背後にはイランがいる。日本政府の及び腰には、「友好国」イランへの配慮も働いたかも知れない。テロ国家北朝鮮への国際制裁を求めながら、イランにはひたすら友好姿勢という日本政府の矛盾は米側においてはっきり意識されている。

かつてブッシュ長男政権が、イラク戦争の泥沼化と中間選挙の敗北に動揺し、急坂を転げ落ちるように対北宥和政策に転じた際のことである。拉致被害者家族会や拉致議連のメンバーと共に、親北外交の中心人物クリストファー・ヒル国務次官補を訪ね、異議を申し入れた（私は救う会副会長の立場で参加）。

その時、我々の批判的意見に苛立《いらだ》ったか、普段は柔和な表情のヒルが、突然顔を紅潮させ、次のように語った。

私の親しい同僚が1979年、イラン・イスラム革命のさなか、在テヘラン米大使館占拠事件で人質となり虐待を受けた。彼はいまだに後遺症に苦しんでいる。先日、東京に行ったところ、移動の車中から、イラン航空の事務所が堂々と営業しているさまが目に入った。怒りを禁じえなかった。

ヒルが言いたかったのは、「日本はイランとの関係を見直せ」ということではない。「反米国家イランと日本が仲良くするのをアメリカは我慢しているのだから、アメリカが北と関係改善することに日本も文句を言うな」というのが、彼の強調したい点だった。

北朝鮮に対してもイランに対しても、制裁など逆効果というのは、外務省と米国務省に共通する基本姿勢である。そして、米民主党は国務省とほぼ一体である。バイデン外交チームは、宥和的で抜け穴だらけのイラン核合意をまとめ、それを「オバマ外交最大の成果」と位置付けた人々が居並ぶ点で、中東政策においても非常に危うい集団だった。

トランプ政権は逆に、イラン核合意を「これ以上考えようがない史上最悪のディール」と見なす立場である。実際、2018年5月に同合意から離脱した。

簡単に整理しておけば、イラン核合意（2015年）の最大の問題点は、その核活動を「制限」するだけで、放棄はおろか凍結ですらなかったことである。イランが保有していたウラン濃縮用の遠心分離機約19000本の内、約5000本については運転継続を認めた。かつてパキスタンが、核爆弾製造に必要とした遠心分離機は3000本であり、それを上回る数字だった。

残りの遠心分離機も解体や海外搬出ではなく、イラン自身が保管することを認めた。しかも10年ないし15年の時限取決めとしたため、期間が過ぎればイランは自由にウラン濃縮ができる。

オバマ政権は、「イランが核兵器獲得を目指しても、獲得まで1年は掛かる状態を少なくとも10年間維持できる」という複雑な言い方で合意の意義を説明したが、仮にその通りとしても、10年などすぐ過ぎる。オバマ大統領も、「合意から13年ないし15年後には、核兵器獲得までの所要時間はほぼゼロになる」と、基本的に時間稼ぎに過ぎないことを認めていた。

当時、合意反対派が指摘した通り、「イランが仮に合意を守っても10数年後には核兵器を保有し得る」内容であった。現在、合意からすでに9年が経過している。イランは、トランプ政権の制裁強化を理由に、濃縮ウランの生産ペースを上げた。オバマ政権の当時の見立てが正しかったとしても（そもそも甘かったという批判も多い）、タイムリミットがすぐそこに迫っている。

こうした根本的な欠陥にも拘らず、オバマ政権はイランの「前向きの態度」への見返りとして、国際的な経済制裁の大半を解除した。米金融機関が凍結していたイラン政府の資金も相当程度引き出し可能とした。

２０２３年９月、バイデン政権は、イランと新たな「人質交換」を行ったが、オバマ政権同様、イラン資金のさらなる凍結解除も併せて行っている。トランプ政権の制裁発動を受け、韓国の金融機関が凍結していた60億ドルのカタール（イランの友好国）への送金という形を取った。

第２次トランプ政権は再びイラン核合意から離脱し、制裁強化に舵を切るはずである。イスラエルも様々な秘密作戦を活発化させるだろう。過去には、イランの核開発を主導してきた科学者が、首都テヘラン近郊を車で走行中に、道路脇に仕掛けられた遠隔操作の機関銃に連射され、死亡した事例がある（トランプ政権下の２０２０年11月28日）。イスラエル情報機関が機材と資金を提供し、イラン国内の反体制派が実行したとされる（通常、この種の危険な作戦を、イスラエル人の情報部員が自ら敵地に入って行うことはない)。

ハマスはイラン傘下のテロ組織という認識は、米国では極左を除けば常識であり、保守派政治家の間では、イスラエルによる対イラン直接攻撃も、自衛権の発動として支持すべきとの声も少なからずある。日本はイラン・ファシズム政権との距離の取り方を見直さねばならない。

北朝鮮政策~安倍路線の引き継ぎ

北朝鮮問題は、ワシントンにおいては眠ったような状態にある。第2次トランプ政権においても、とりあえず変化はないだろう。日本政府としてはまず、安倍元首相の路線をしっかり引き継ぐ必要がある。

トランプは安倍の要請に応え、金正恩に対して、「日本から投資資金が欲しければ拉致問題を解決せよ。アメリカから資金は行かない」旨を複数回伝えた。一方、米朝首脳会談の結果、制裁は維持するものの、軍事的圧力を緩和し、「金正恩と恋に落ちた」などと余計な発言もしている。安倍はトランプに対し、「あなたの場合、常に強面《こわもて》で行かないといけない」と釘を刺したという。日本の首相が拳拳服膺《けんけんふくよう》すべき(常に忘れずにいるべき)点である。

ポンペオ国務長官（当時）は、北朝鮮を旅行中に拘束され（ポスターをはがして持ち帰ろうとした「罪」）、おそらく拷問のせいで意識が混濁し、米国に搬送後に死亡したオットー・ウォームビア青年の「医療費」を北が要求してきた事実に注意を喚起し、いかに唾棄すべき政権かを強調している。常に想起すべきポイントだろう。

日本政府は、かつての福田康夫政権のように、北と無原則な妥協をし、制裁を緩めるようなことは決してあってはならない。それは米国内の宥和派を勢いづける。この点、元駐豪大使山上信吾の著書『日本外交の劣化』（文藝春秋）に気になる記述がある。

「北朝鮮による拉致問題で安倍氏に評価されたが故に次官に就任できたと省内外で評されてきた斎木昭隆」が、確実とみられた駐米大使になれずに退官に至った経緯について山上は、「安倍首相による北方領土交渉の「前のめり姿勢に対して慎重論を展開したこと」で「安倍氏とその側近の不興を買って遠ざけられた。少なくとも、それが省内関係者の受け止め方だ」と記している。

これが外務省一般の「受け止め方」だとすれば危うい。私の知る限り、斎木が安倍首相の信を失った最大の理由は拉致問題にあった。

すなわち、北朝鮮が内々に生存を伝えてきた、日本に身寄りのない拉致被害者二人の一時帰国、および横田めぐみ始め他の被害者に関する「日朝合同調査委員会」立ち上げで一応の解決とする線で斎木が日朝協議をまとめようとした。これを背信と見た安倍首相が斎木を切った――。

北朝鮮との実務レベル協議を担う外務省の「組織の記憶」は重要である。政界上層部においても、安倍の「怒り」の意味が正確に理解されていなければならない。

拉致解決はなぜ日米共同の課題か

帰国した拉致被害者曽我ひとみの夫、チャールズ・ロバート・ジェンキンス（故人）の回想録『告白』（角川書店）に興味深い一節がある。ジェンキンスは自ら北朝鮮に入った元米軍人で、日朝交渉の結果、悪夢の地を脱け出し、日本で余生を送ることができた。夫妻には2人の娘がいる。

1995年、幹部たちが何人かやってきて私たちに告げた――「金正日同志の偉大なるお心遣いによって、あなたがたの子どもたち全員が平壌の外国語大学へ入学できることになった」。その時、「組織」が私たちの子どもたちを全員工作員に仕立て上げようとしていることを私は知った。

平壌外国語大学は大韓航空機爆破事件（１９８７年）の実行犯金賢姫の出身校でもある。彼女は在学中に工作機関にピックアップされた。ジェンキンスは続ける。

韓国には米国兵と韓国人女性の間に生まれた子どもたちが大勢いる。だからわが家の娘たちもソウル市内や米軍基地を平気な顔をして歩けるはずだ。父親は、韓国人の母親を見捨てた米兵で、行方を捜しているとでも言えばいい。

北朝鮮による外国人拉致は、身代金目的の誘拐事件ではない。対外テロ活動、破壊工作の一環である。北朝鮮が、工作員の教育係をさせた横田めぐみ、田口八重子をはじめとする拉致被害者を解放しない最大の理由は、彼女たちが顔を知る工作員たちが、いまだ「現役」で活動していることにある。

朝鮮半島有事の際、北の工作員が最大の攻撃対象とするのが在日・在韓米軍基地および周辺のインフラ施設である。仮に北が、テロ国家であることをやめる決断をしたならば、工作員を全て引き揚げ、拉致被害者を解放できるはずである。逆に言えば、拉致被害者を解放しないのは、テロ・破壊工作をやめるつもりがないからに他ならない。

拉致は、重大な人権侵害、主権侵害であり、日本が主体的に解決すべき問題だが、米軍基地の安全とも無関係ではない。日本がアメリカに、拉致被害者解放に向けた共同対処を呼び掛ける根拠がここにある。

アメリカ人拉致問題

アメリカにも、北朝鮮による拉致の可能性が濃厚な失踪者がいる。２００４年８月14日、東南アジアと接する中国南部雲南省の韓国レストランで食事したのを最後に消息を絶ったデヴィド・スネドン（当時24）である。

上下両院において、米政府に真相解明を促す決議が採択されている。決議は、拉致問題に詳しい日本に協力を求めるべきことも強調している。拉致解決が日米共通の課題と言えるもう１つの根拠である。

この問題は、岸田首相の米議会演説に絡んで第５章で再度取り上げる。ここではとりあえず、スネドン事案を下院外交委員会の公聴会（２０１１年６月２日）で初めて公に提起した米朝関係専門家チャック・ダウンズが挙げる状況証拠を紹介しておこう。

①雲南省は、北朝鮮難民が中朝国境から中国領内を南下してタイ・ミャンマー・ラオス・ベトナムなど東南アジアに抜ける脱北ルートの最終地点に当たっている。そのため北朝鮮は同地に特務機関員を送って網を張り、中国当局の協力も得て、脱北者および支援者の摘発に当たっていた。

②デヴィドは南方行きの旅に出る直前、北京で友人A（米国人留学生）と5日間を過ごしている。北朝鮮に近い延辺大学（中国北部の延辺朝鮮族自治州延吉市にある）で朝鮮族研究に従事していたAは、北朝鮮での現地調査を申請して却下され、その後、中国政府から国外退去を命じられていた。当局はAを監視対象としていたであろう。南方に向かうデヴィドを、中国および北朝鮮当局がAと取り違えた可能性がある。あるいはデヴィド自身が脱北支援活動家と疑われたかも知れない。

③デヴィド失踪の1カ月弱前（7月21日）に米下院が、脱北者の保護・受け入れ条項を含む北朝鮮人権法を可決し、北朝鮮は強く反発していた。

④7月28日、ベトナム政府が、自国に滞留する北朝鮮難民468人の韓国移送を決定。北

朝鮮はベトナムを非難すると共に、「米国が喧伝する人道主義の看板の下、共和国（北朝鮮）の同胞を脅迫し、誘い出し、移送したことで、いくつかの国にあるNGOに対し報復する」と宣言していた。

⑤デヴィド失踪の1カ月強前（7月9日）に、曽我ひとみの夫、ジェンキンスが二人の娘とともに北朝鮮を離れ、妻とインドネシアで再会、日本への脱出を果たした。逆に曽我を北に戻すべく画策していた北朝鮮当局としては不本意な結果であり、腹いせないし「損失」穴埋めのため、新たな英語教師用米国人の拉致を企図した可能性がある。南部訛《なま》りが強いジェンキンスと違い、標準的発音のアメリカ英語を話し、韓国で2年暮らした経験から朝鮮語に堪能なデヴィドは、北で英語教育を担わせるに最適の人材だったろう。

⑥共産党政権成立（1949年）後、中国で行方不明のままの米国人はデヴィドのみ。登山中の事故死などのケースでは、すべて遺体が回収ないし死亡状況が確認されている。

⑧犯罪集団の行為なら、乱暴な手口によって何らかの痕跡が残り、また目撃者がいてもおかしくない。パスポートが売り買いされた形跡もない。

⑨デヴィドは真面目なモルモン教徒（末日聖徒イエス・キリスト教会信徒）で信仰心が厚く、両親や兄弟との仲もよかった。ユースホステルに残された聖書には母と二人で写った写

真が挟まれてあった。父との関係も、家の新築作業に2人で当たるなど、兄弟中でデヴィドが最も親密だった。突如家族と連絡を絶っての駆け落ちなどは考えられない。失踪後にクレジット・カードが使用された記録もない。

ダウンズは、デヴィドが北の工作員によって車でミャンマーまで運ばれ、海路北に連れて行かれたのではないかと推測している。ミャンマーでは、軍事政権による2003年のアウンサン・スーチー軟禁後、アメリカ主導で自由主義圏による制裁が強化されており、政権側は中国及び北朝鮮との関係を深めていた。なおその後、日本の「救う会」に対して、中国の消息筋から次のような情報が入った。

2004年8月、雲南省昆明市の大学に留学していた1人の米国人男性が不法滞在者を助けたという理由で、昆明市で中国国家安全局に捕まった。その男性は白人で当時、23歳か24歳であった。彼は9月に釈放された。しかしその後、当時昆明に脱北者監視のために来ていた5人組の北朝鮮国家安全保衛部員に捕まったとの情報がある。

細部に相違はあるが、デヴィド失踪事件との類似点が多い。北朝鮮による拉致は、日本が一方的にアメリカに「協力をお願いする」関係ではなく、日米が共同で解決すべき性質のものである。それは、先述の通り、米上下両院決議が要請するところでもある。

なお、デヴィド・スネドンを救出しようと思えば、北朝鮮のみならず中国とも、ある程度事を構えることになる。従来、米国務省やCIAの腰が重かった最大の理由がそこにある。しかし第2次トランプ政権が、中国への締め付けを強めていくならば、そうした「縛り」は取れるかも知れない。期待したい。

第2部

トランプはこんな日本を認めるか

第3章　ポリコレ、環境、反原発……この偽善者を見よ！

ＬＧＢＴ法の闇を暴く

「ＬＧＢＴ利権法」の何が危険か

安倍元首相亡きあとの自民党が保守派の信を失う最大の要因となったＬＧＢＴ（性的少数者）理解増進法が２０２３年６月16日に国会で成立し、23日に施行された。充分な周知期間を置かず、１週間後に施行というあたりにも、利権確保に汲々たるさまが窺える。一連の左翼活動家支援法制の一環であるこの法を、私は「ＬＧＢＴ利権法」と呼んでいる。

安倍元首相の未亡人昭恵は次のように証言する。

（LGBTやSDGsには）よくわからない英語の頭文字だけで構成されていて、それが利権に繋がっていくというようなおかしな構造がある。古くから日本には性的少数者がいて、彼らをちゃんと寛容に受け入れる社会だった、と主人はずっと言っていたんですよ。……必要のない法律を作れば、それにかこつけて利権ができる、そこを主人は危惧していました（月刊Hanada2024年8月号）

その通り、私が「理解増進法」と言わず、「利権法」と呼ぶのもその趣旨である。この安倍昭恵証言に、LGBT利権法を推進した自民党議員らはどう答えるのか。

以下まず、自民党が腰砕けに至った過程を辿《たど》り、問題の所在を明らかにしたい。2023年2月8日、衆院予算委員会で立憲民主党議員から「LGBT理解増進法をつくっていく覚悟はあるか」と問われた岸田文雄首相は次のように答えた。

議員立法の法案であり、自民党においても引き続き提出に向けた準備を進めていく。議論が広がることで国民の理解や議論も進む。しっかり受け止めて判断していきたい。

「議論が広がることで国民の理解も進む」。その通りだろう。ところが実際には、自民党においても国会においても、国民の前でオープンに議論し、基本概念の周知を図り、建設的批判に応じて修正を施すといった姿勢が全く見られなかった。それどころか、密室談合で一気に法案を通し、既成事実化してしまおうとの態度が、推進者側において顕著だった。

拙速を正当化する合言葉に使われたのが、「5月のG7広島サミットまでに」である。左翼は、「この法案にめどを付けないと欧米先進国から袋叩きに遭う」と岸田首相を恫喝したが、実際にはサミットの場で話題にもならなかった。仮に話題に上ったとしても、議長（開催国）の権限で、適当にかわせば済む話であった。

海の向こうのバイデン政権を含む法案推進勢力をさらに勢いづかせたのは、首相側近の、「飛んで火にいる夏の虫」的失言であった。荒井勝喜《まさよし》首相秘書官の問題発言を振り返っておこう（2月3日）。

僕だって（同性カップルを）見るのもイヤ。隣に住んでいてもイヤだ。秘書官たちに聞いたらみんな嫌と言う。

オフレコが条件の酒場トーク的放言だったが、これほど「おいしいネタ」をマスコミが黙って見過ごすはずがない。オフレコ破りは通常、懇談の場からの排除などペナルティを伴うが、この場合、野党にさらなる攻撃材料を与えかねないため強い対応は出来ない。そう読んでの、確信犯的な掟《おきて》破りだったろう。

首相側近ですらLGBTに無理解、どころか嫌悪を口にして恥じない、と揚げ足を取られること必至の発言を、記者団の前で行った秘書官の浅はかさには呆れる。実はLGBT法案促進を狙った自爆テロだったのではと深読みする人々が出たのも無理はない。

ほかにも、首相と並んだ国連の席でカバのような大あくびをして、テレビカメラに撮られた林芳正外相（当時）や、ホワイトハウスの玄関脇で会見する首相をポケットに手を突っ込んでねめつけた木原誠二官房副長官（当時）など、側近の不行跡が目に余る時期でもあった。岸田には、周りに対する統率力が相当欠けていた。

LGBT利権法案は、自民党内の議論が紛糾して、遡《さかのぼ》ること2年前の2021年に一度頓挫している。当時は、安倍元首相が健在だった。この時の「法案握り潰し」に至る経緯を見ておこう。

自民党では、LGBT特命委員会（稲田朋美委員長）が当初まとめた案が一応のコンセンサスとなっていた。野党が共同提出した、幅広く差別の「除去」を規定し、どこまで拡大解釈を許すか分からない（すなわち左翼弁護士による訴訟の乱発など危険性が高い）「LGBT差別解消法案」に対抗する形で作られたものである。

自民党も性的少数者に配慮していると一般にアピールしつつ、左翼活動家に悪用されかねない表現は避け、これなら許容範囲と党内多数の賛同を得た。実際、「多様性を受け入れる精神の涵養《かんよう》」など比較的穏やかな書きぶりになっていた。

ところが、野党の法案とすり合わせる中で、稲田が無原則に譲歩し、何が差別かを定義しないまま「差別は許されない」との文言を加えた「与野党合意案」を自民党に持ち帰り、強引に機関決定を得ようとした。

しかも稲田は、指導部一任を取り付けた上で、「全会派が一致して提出した法案は審議を省略して採決できる」という慣行を利用し、国会で1秒の議論もないまま成立させようと図った。論外という他ない。

言葉通り「理解増進」が目的なら、早い段階で法案を公開し、国会で時間を掛けて議論し、疑問点を丹念にあぶり出して、解消していかねばならない。そのプロセスこそが、立法府における「理解増進」に値する行為だろう。

当然ながら、稲田の暴走に対し、自民党の有志から強い反発の声が上がった。結局、自民党はLGBT特命委員会での審議を打ち切り、総務会で、超党派合意案の「差別は許されない」を「不当な差別はあってはならない」に改めた再修正案を了承した。ただし会期末で時間がないことを理由に、法案提出は見送った。最後の段階で握りつぶしたわけである。

この「廃案」を主導したのは安倍だった。稲田自身、のちに、「反対の中心に安倍先生がおられました」と述懐している。私も安倍首相から直接、「あの法案は一から議論し直すことになっている」と聞いた。2022年7月の安倍暗殺がなければ、約1年後に、基本概念の明確な定義すらないLGBT利権法が成立することはなかっただろう。

なお、2021年に自民党総務会が了承した修正案は、握り潰しを睨んだものとはいえ、中身はおよそ改善の名に値しない。例えば「差別」を「不当な差別」に改めたというが、「正当な差別」があるかのような印象を与え、日本の法体系ひいては日本語そのものを歪《ゆが》めかねない（2023年LGBT利権法には、結局、この言葉が入った）。

性別違和を覚える子どもをいじめから守るため特別法が必要、との主張も筋違いである。不当な行為があれば、あらゆるいじめは許されないとの立場から、まわりの大人や教師が厳しく指導すればよい。

「理解増進」についても、わざわざ学校現場で、貴重な授業時間を割いて、全生徒を対象にしたLGBTイデオロギー教育を施《ほどこ》す必要はない。すでに日本では、LGBTに理解を示す映画やテレビドラマ、漫画が溢れている。バラエティ番組に、ゲイやトランスジェンダーが登場しない日はない。

性観念が未熟な児童に左翼イデオロギーを注入し、あまつさえ性転換「治療」に誘導した結果、取り返しのつかない被害を生んだ例が、欧米では多数報告されている。活動家の一方的なLGBT講義に違和感を表明すると、「特別指導」の対象にされ、反省レポート提出を強いられるなど、ごく普通の子どもたちが学校教育に不信を覚える契機ともなっている。

安倍首相亡き後の日本政治を特徴づける「欧米の失敗の猿真似」に走った岸田政権および国会の責任は大きい。

LGBT利権法の先にある闇

日本で成立したLGBT利権法は、しかるべき歯止め規定もなく、極左活動家はもとより変質者や反社に悪用される危険性が非常に高い内容である。

「ジェンダー・アイデンティティ」などという、首相以下国会議員の誰も正確に説明できないカタカナ英語を最終段階で潜り込ませた上、何が差別かの明示もなく、どこまで拡大解釈を許すか分からない。学校や職場での「必要な施策」や「必要な措置」など利権に直結する規定を含んでいる以上（その部分のみ丹念である）、単なる理念法だという言い訳は通用しない。

問題の多い米国のＬＧＢＴ差別禁止法案ですら、一応、対象となる差別事例を具体的に列挙する努力を見せている（民主党が提出。名称は平等法。共和党が一致して反対しているため、予見しうる将来、成立の見込みはない）。日本のＬＧＢＴ法の杜撰《ずさん》さには呆れる他ない。

アメリカでは、フロリダ、ノースカロライナなど保守州において、18歳未満の少年少女に対して性転換手術や異性ホルモン投与を禁ずる州法が成立している。授業の一環としてのジェンダー・イデオロギー教育の禁止も定めている。保守を標榜する自民党が、本来動くべきは、こうした方向だったはずである。安倍なき自民党は羅針盤を欠いている。

ＬＧＢＴ利権法の成立により、心ある日本国民は、子どもたちを過激なジェンダー教育から、女性たちを変質者から、企業を反社会的勢力から守る戦いを一段と強く強いられることになる。

ＬＧＢＴ利権法には、「事業主」は雇用する労働者に対し「研修の実施、普及啓発その他の必要な措置」を、「学校」は児童に対し「教育又は啓発その他の必要な措置」を講じるとの規定がある。すなわち、全国の職場や教育施設において、「専門家」（その大半が左翼活動家になろう）を招いての講習会や研修が半ば義務付けられた。左翼に多額の税金や企業の研修資金が流れ込むことになる。

ＬＧＢＴ活動家が欣《きん》喜《き》雀《じゃく》躍《やく》する一方、ごく普通に生きている社会人、児童にとっては迷惑きわまりない話である。

常識を示したテキサス・レンジャーズ

１９６９年６月28日にニューヨークのゲイバーで客と警官隊との衝突事件が起こった。この「負の歴史」を記憶に刻むため、毎年６月は、「ＬＧＢＴコミュニティ」への理解と支持を示す「プライド月間」とされている。アメリカを起点に自由主義圏に広がり、行進やセミヌード・ダンス大会などさまざまなイベントが催される。ＬＧＢＴ利権法が成立したことで、日本でも自治体や企業に対し、追随圧力が強まるだろう。

２０２３年、バイデン大統領が主催して開かれたホワイトハウスのパーティでは、トランスジェンダー「女性」(生来の男子）数人がヌードになってその模様をＳＮＳで発信し、政権側が「彼らは二度と呼ばない」と釈明に追われる騒ぎとなった。

ホワイトハウスのバルコニーに、米国旗を両脇に据える形で（大相撲でいえば太刀持ち、露払いとして)「トランスジェンダー旗」を掲げたことが、国旗をないがしろにする行為として保守派の怒りを呼びもした。

なお、イベントは何も6月に限定されない。日本でも様々な企業、団体、行政機関、各国大使館等の後援を得て、２０２３年度「東京レインボープライド」が4月に開催された。4月23日の「プライドパレード」ではＬＧＢＴ活動に熱心なエマニュエル駐日米国大使が稲田朋美、森雅子議員らと連れ立って行進している。ＬＧＢＴ利権法案の審議を促進する狙いがあったのだろう。

プロ野球各球団も、事業体である以上、何らかのイベントを球場で行うようプレッシャーを受けるだろう。しかし安易に流されるべきではない。「性をテーマにしたイベント」の押しつけに抵抗を覚える野球ファンも多い。

アメリカの例を見ておこう。大リーグ機構（ＭＬＢ）では、各チームが球場を舞台に何らかのＬＧＢＴセレモニーを行うことが恒例化して久しい。ところが全30球団中、テキサス・レンジャーズだけが、あえて何もしない姿勢を保っている。民主党系メディアからの批判的質問に対し、球団側は次のように答えている。

我々の基本姿勢は、レンジャーズの野球において、誰もが仲間として歓迎されていると感じてもらうことにある。わが球場の全試合において実践しており、職員の雇用においても何ら差別はない。プライド月間だからといってＬＧＢＴに焦点を当てた特別のイベントを行う必要はないと考えている。

保守的な共和党員が多い州だけに、ファンの多くも球団のこの姿勢を支持している。同州の有力保守系団体テキサス・ファミリー・プロジェクトは、次のような賛同声明を出している。

日々の生活のあらゆる側面に性的色合いを付けようとする反家族的左翼の試みが勢いを増すにつれ、反発の動きも強まっている。企業がＬＧＢＴを前面に押し出した商法を展開することに誰もがうんざりしている。人々はただ野球を見たいだけだ。大部分のファンにとって、性的指向を褒め称える傾向に立ち向かうレンジャーズの決定は一陣の清風だ。多くの家族は、他人の性の露出に子供たちが晒《さら》される事態を憂慮することなく、球場の一日を楽しむことができる。他の球団もレンジャーズの驥尾《きび》に付すことを願う。

今後、日本のプロスポーツ界にも「ＬＧＢＴを理解し支持している姿勢」をはっきり見せよという左翼から圧力が高まろう。そうした中、レンジャーズの対応と「俺たちは野球を見に来たんだ。余計なことをするな」というファンの声は重要な示唆を与えてくれる。

参考になる米「結婚尊重法」

ＬＧＢＴ利権法成立の勢いに乗り、次は同性婚の法的認知をという動きが強まってきた。しかし安易な法制化は、同性カップルの結婚式執り行いを信仰上の理由から断った神主や神父、牧師らが「資格停止」などの処分や処罰を受けるといった事態を生みかねない。

２０２４年３月14日、同性カップルの結婚を認めない民法などの規定は憲法違反だとする訴訟で、札幌高裁が、「婚姻は両性の合意のみに基づいて成立する」とした憲法24条１項は「同性婚も保障している」とする初の判断を示した。
同日、東京地裁は、類似の訴訟において、同性カップルに十分な手当てを欠く状況は、婚姻や家族に関して、個人の尊厳に立脚した立法を求めた憲法24条2項に「違反する状態」であるとの判決を下した。

これらを受けて、LGBTイデオロギーの宣教師と言うべきエマニュエル駐日米大使が早速、次のようなメッセージを発している。

千里の道も一歩から。東京地方裁判所の今日の判断で、婚姻の自由、そして法の下の平等を実現するために、日本がまた一歩前進しました。ほんとうにうれしく思います。東京地裁は、札幌、名古屋、福岡などの地裁と同様に、日本がより包括的になることを支持しているのです。

当然ながら、日本の保守派からは「内政干渉もいい加減にせよ」との批判の声が上がった。エマニュエルの投稿は、「遅れた日本が進んだ欧米に追いつき始めた。自分がそれを先導する」との意識に満ちたものだが、当のアメリカの状況はそれほど単純ではない。約

30年前から、紆余曲折、保守派とリベラル派のせめぎあいが続いている。

１９９６年、「結婚防衛法案」が上下両院を通過し、時のビル・クリントン大統領（民主党）が署名して成立した。

これは、同性婚法制化とは全く逆に、①結婚とは、一組の男女によるものを指し、連邦レベルでは同性婚を認めない、②ある州が同性婚と認めたカップルを、他の州が自動的に認定する必要はない、などとする保守的内容の法律であった。

現在ではＬＧＢＴイデオロギーの旗手を以て任じるバイデン大統領（当時上院議員）も、この法案に賛成した。わずか四半世紀前のアメリカでは、こうした立場が主流だったわけである。

大きな転機となったのは、すべての州において同性カップルに異性カップルと同等の結婚の権利が与えられねばならないとした２０１５年の連邦最高裁判決である。５対４の１票差だった。

この時、反対派の急先鋒だった保守派のアントニン・スカリア最高裁判事は、「この憲法が合衆国に委任していない権限または州に対して禁止していない権限は各々の州または国民に留保される」とした憲法修正第10条に基づき、憲法は結婚を定義する権限を最高裁に与えておらず、各州ないし個人の判断に委ねられねばならないと論じた。その上で、次のように述べている。

真に驚くべきは、本日の司法クーデターに見られる思い上がりである。選挙を経ない9人の委員会による憲法修正といったやり方は、自主的統治を壊すものであり、民主制の名に値しない。

当時連邦議会では、先に触れた結婚防衛法の修正をめぐって保守派、リベラル派の間で議論が続いている状況だった。また州の間でも対応が分かれていた。そうした中、「選挙を経ない9人」が1票差の多数決で、全米に特定の立場を押し付けたわけである。民主的手続きをないがしろにした「司法の越権行為」との批判が出たのも当然だろう。

その後、共和党トランプ政権下で、最高裁の構成は保守派6人、リベラル派3人とはっきり保守派優位となった。まず2022年6月、人工妊娠中絶に関して重大な判例変更が行われる。全米において女性に中絶の権利を広範に認めた1973年の最高裁判決は司法の越権行為であり、規制のあり方は各州の判断に委ねるべきとした新判断であった。ここで再び流れが変わる。

最高裁が、同性婚についても判例を変更する（各州の判断に委ねる立場に戻る）のではないかと懸念するリベラル派の主導で２０２２年12月、連邦レベルで同性婚の法的正統性を認定する「結婚尊重法」が上下両院を通り、バイデン大統領が署名して成立した（具体的には、ある州が認めた同性婚は、当該カップルが他州に移住しても効力を有するとの内容）。一定数の共和党議員も賛成した。

ただしこの法は、全国民に同性婚容認を義務付けたものではない。「結婚におけるジェンダーの役割については、合理的かつ誠実な人々の間で、真摯な宗教的、哲学的考慮に立脚した多様な考えがあり、そのいずれもが然るべく尊重されねばならない」と明記し、同性婚に否定的な立場の保護も定めている。非常に重要な留保条項と言える。

その点をさらに具体化し、いかなる宗教団体も、自らの立場と相容れない結婚の「挙式や祝福」を強要されてはならず、その拒否を理由とした訴訟に晒されたり、不利益処分を受けたりしてはならないとする歯止め規定も盛り込まれた。単に「同性婚を認めた法」ではなく、「同性婚を認めない立場も認めた法」なのである。

従って、法の半面のみを強調したエマニュエルの説諭は不誠実という他ない。歯止め規定がなければ、この法案は通らなかった。

エマニュエル大使を「使えない」日本

ＬＧＢＴ利権法の最も派手な立役者はエマニュエル大使だった。多くの日本の国会議員が尻を叩かれ、彼が単純化して伝える半面のアメリカをアメリカ全体だと思い込み、前のめりに動いた。せめて、「日本は主権国家だ。少し黙っていてくれ」と釘を刺す議員が多数現れるべきだったろう。

「ゴリゴリ押してくる嫌な左翼野郎だが、仕事師でもある。もう押せないと分かると大胆に妥協し、自陣の不満分子を抑え込みに掛かる。こちらがしっかり対応すれば、使える男」というのが、基本的に対立する米共和党に少なからず見られるエマニュエル評である。その分、所属する民主党の最左派からは、信を置けない出世主義者として嫌われている。

下院議員、大統領首席補佐官、シカゴ市長などを歴任したエマニュエルは、駐日大使の次は上院議員か、国務長官を狙っていると言われる。

国務長官は上院の承認を要するポジションである。彼を忌避する最左派も含めた民主党全体の支持を確保する上で、ＬＧＢＴ問題は格好のテーマであった。

アメリカ左翼は、自国のみならず、海外でもＬＧＢＴイデオロギーを「布教」しようとする傾向が強い。バイデン大統領が「ＬＧＢＴＱＩ＋人権促進担当特使」を新たに国務省に設け、活動家のジェシカ・スターンを任命したのはその一環である。スターンはＬＧＢＴ利権法推進のため緊急来日し、エマニュエルと共に政界要路を精力的に回った。

一方、米保守派はＬＧＢＴ利権法案の成立を連邦議会で阻止し、州、自治体レベルで強力に巻き返すなど、自国内では強い抵抗姿勢を取るが、海外の動向には特に関心を持たない。

エマニュエルの圧力に日本が屈するなら、それは日本の自己責任であり、止めに掛かる義理はないという態度である。

従って、日本のＬＧＢＴ法への干渉は、エマニュエルにとって共和党の反発を買うことなく、民主党内での評価を上げる「おいしい話」であったのだ。岸田自民党に定見も抵抗もない以上、ひたすら押しまくればよかった。

以上は日本社会にマイナスをもたらしたケースだが、エマニュエルは日本にプラスになる働きもしている。

２０２３年８月下旬、日本政府が無害化された原発処理水の海洋放出を決めると、中国が非科学的な非難を繰り返し、水産物禁輸という理不尽な行為に出てきた。エマニュエルは間髪入れず、中国を厳しく批判し、日本を擁護する論陣を張った。

福島を訪れてカメラの前で魚介類を食して安全性をアピールしたり、大使館に福島産果物を取り寄せて、来日した米軍幹部や知事らに振る舞う様子をSNSで発信したりと、元バレエダンサーらしく軽快なフットワークで動いた。

2023年8月末から9月にかけて、共和党の有力議員を団長とする訪問団が次々来日したが、エマニュエルは、自ら都内の福島物産館に案内して反中・親日メッセージを繰り返し発し、「第一の同盟国」と呼ぶ日本のため、そして日米関係強化のために大いに汗をかいた。

情けなかったのは日本側の対応である。ケビン・マッカーシー下院議長（当時）、エリス・ステファニク下院共和党議員団長（当時）といった発信力のある議員が、わざわざ来日したにもかかわらず、政権幹部や自民党指導部がまともに応対した形跡はない。

岸田首相が議長を務めた2023年のG7広島サミットは、「経済的威圧への共同対処」で合意した。中国の水産物禁輸は格好のテストケースだった。ところが、エマニュエルが前面に出て、各種のお膳立てをしたにもかかわらず、日本政府は北京の反発を恐れて踏み込めなかった。LGBTなど左翼的テーマだと、エマニュエルが背中を押すとすぐ前によろけるが、対中国がテーマだと、いくら引っ張られても動かない。無様だった。

崩す必要ない「家族同姓」

2024年6月10日、経団連が、いわゆる「選択的夫婦別姓」の「早期実現」を政府に求める提言を出した（具体的には民法750条の改正）。

経団連は、夫婦が妻の姓を選ぶことも可能ではあるものの、「実際には95％の夫婦が夫の姓を選び、妻が姓を改めている。そのため、アイデンティティの喪失や自己の存在を証《しょう》することができないことによる日常生活・職業生活上の不便・不利益といった改姓による負担が、女性に偏っている」と言う。

経団連によれば、「女性のエンパワーメントにおいて、我が国は世界に大きく立ち遅れており」、その背後に、「各社の取り組みだけでは解決できない、女性活躍を阻害する社会制度」がある。その代表的なものが夫婦同氏制度だというのである。

まず疑問なのは、女性の活躍に関して日本が「世界に大きく立ち遅れて」いるというのは本当か。経団連・十倉雅和会長の頭にある「世界」がどの範囲なのか知らないが、少なくとも相当怪しい「世界観」である。

実際日本において、実力ある女性の活躍が、男の場合以上に阻害されているとすれば、「女を下に見る」不見識な経営者や重役が各所に残るせいではないか。だとすれば、財界の頂点に位置する経団連会長の責任が相当大きいと言わざるを得ない。まずは自らの指導力不足を反省すべきだろう。

経団連提言で最も問題なのは、従来「夫婦別姓」法制化論で常に論点となってきた、①親子や兄弟姉妹の間で姓が異なってよいのか、②明治以来の戸籍制度を崩すことにならないか、といった懸念に全く答えていないことである。そもそも言及自体ない。これはどう見ても無責任だろう。

近年、パスポート、マイナンバーカードを始め、旧姓の通称使用が拡大されてきた。経団連提言も、「官民の職場では、女性の社会進出の進展を踏まえ、改姓によるキャリアの分断等を避けるため、職場における旧姓の通称としての使用を推進してきた。公的証明書や各種国家資格等でも婚姻前の姓（旧姓）の併記が可能になるなど、政府の施策としても通称使用が拡大され、経済界においても、通称使用は定着している」と述べている。「経団連調査では91％の企業が通称使用を認めている」とも言う。それでもまだ不十分と言うなら、100％になるよう、経団連が強い姿勢で「立ち遅れている」経営者を叱咤すべきだろう。そのための経済団体ではないか。この問題で慎重論の先頭に立ってきた高市早苗議員は次のように言う。

結婚すると、夫婦やその間に生まれた子供は同じ戸籍に登載され、姓は『家族の名称』という意味を持つ。だが、別姓になれば姓は単なる『個人の名称』になる。たとえ『選択制』にしても、家族の呼称を持たない存在を認める以上、結局は制度としての家族の呼称は廃止せざるを得なくなるだろう。事は家族の根幹に関わる（産経新聞2021年3月18日）。

「国際的トレンド」云々についても高市氏は、「日本は日本」と一蹴する。経団連は、旧姓の通称使用では問題解決にならない例として次のような「トラブル」を挙げる。カッコ内は私のコメントである。

①クレジットカードの名義が戸籍姓の場合、ホテルの予約等もカードの名義である戸籍姓

に合わせざるを得ない（合わせたらよいではないか。別に手間はいらない。合わせると女性活躍が阻害されるのか）。

②国際機関で働く場合、公的な氏名での登録が求められるため、姓が変わると別人格としてみなされ、キャリアの分断や不利益が生じる（具体的にどの国際機関なのか。事実とは思えないが、もし事実なら「国際機関」の名に値しない。日本は拠出金を引き揚げるべきだろう。実際には、結婚したから姓が変わったと言えば済む話。国際機関を気にし過ぎではないか）。

③社内ではビジネスネーム（通称）が浸透しているため、現地スタッフが通称でホテルを予約した。その結果、チェックイン時にパスポートの姓名と異なるという理由から、宿泊を断られた（現地スタッフとの意思疎通をより密にすればよいだけ。あるいはパスポートに旧姓を併記すればよい。2021年4月1日以降、申請が非常に簡略化された）。

これが、女性にとって「アイデンティティの喪失」や「自己の存在を証することができない」次元の不条理であり、家族別姓しか解決策がないほどの「トラブル」だろうか。この程度の事象にも効果的に対処できない、現行法の下で対処の道筋を示せない経団連では、日本経済停滞も無理はない。

松川るい議員の〝寒い国際認識〟

２０２３年5月17日、欧米左派の「圧力」の影に怯《おび》えた岸田首相の指示を受け、自民党がＬＧＢＴ利権法案を総務会で了承した翌日、松川るい同党女性局長がＸ（旧ツイッター）で発信した内容が保守派の批判を浴びた。

トランスジェンダーの権利を女性の権利の上に置く特別法を制定すれば女性の保護が危うくなる。なぜ自民党女性局は沈黙しているのか、との問いに対する松川の回答である。

　私は本件については全く関与していません。良くも悪くも。日本のことを考えたら、それどころではないより死活的問題で自分の時間は目一杯ですから。

この高慢な投稿にある人がこうコメントした。「私は知らない、関わってない、保身ですか？」

松川の回答。「違いますよ。でも私の政治家としてのスケールの中では優先度が低いです。日本の生存を心配していますので」

さらに別の人がコメントを書き込んだ。「今更ながらの言い訳にしか思えません」

松川の再回答。「というより、私の中で滅茶苦茶優先度低いだけです。今でも死にそうに忙しいのに」

要するに多忙を理由に問題から逃げたわけである。同時並行的に複数のテーマに対処できないようでは、そもそも国会議員の資格はない。

「死活的問題で自分の時間は目一杯」といいながら、優雅な子連れグルメ公費パリ旅行の時間は取れたのか、といった問題点にはあえて触れない。

松川には、自然に常識人の反感を覚えさせる振る舞いが目立つが、議員として最大の欠陥は元外務官僚でありながら、東アジア認識やアメリカ認識のレベルが、驚くほど低い点にある。

松川はかねて、外務省の先輩に当たる田中均《ひとし》への尊敬を口にしてきた。田中は、2002年の小泉訪朝をアジア大洋州局長として水面下で仕切り、「生存する拉致被害者は5人のみ」という北の虚偽を受け入れ、さらには帰国した5人を北に送り返すよう主張した人物である。

退任後は、親北路線で波長の合う日朝議員連盟（衛藤征士郎会長）のブレーンとして、「日朝合同調査委員会」設置で事実上拉致問題を棚上げし、国交正常化（利権交流促進）に向かうよう主張してきた。松川もこの議連のメンバーである。

田中、松川両者をよく知る外務省OBによると、松川は、元上司といった関係からではなく、純粋に田中を尊敬しているという。ますます論外だろう。

金正恩《キムジョンウン》は経済改革に舵を切ったので、協力関係に入るべきといった発言も、松川は繰り返し行ってきた。観察力、分析力が基本的に弱いのだろう。

ちなみに松川は東大法学部の出身だが、不安を覚えさせる学歴である。少なくとも国際政治学に関する限り、東大の歴代担当教員は、初代の坂本義和はじめ、おしなべて、国際政治の現実を見ず、綺麗ごとを並べる進歩的知識人ばかりだった。坂本など福島瑞穂と同レベルだったと言ってもよい。

松川は、朝鮮認識のみならず、アメリカ認識も極めて怪しい。2020年9月14日、大坂なおみ選手の全米オープン・テニス優勝を称えて、Xに次のように投稿し、物議を醸した。

優勝だけでも凄いのに、7枚のマスクに込めたメッセージは凄いインパクトを米国に世界に与えました。日本人として誇りに思います。米国警察は黒人の命を軽視するのをやめてほしい。

元外務官僚が、同盟国に対して、「米国警察は黒人の命を軽視するのをやめてほしい」とは穏やかではない。外務省入省後、公費でワシントンのジョージタウン大学国際関係大学院に留学していたというが、一体何を見ていたのか。この程度のアメリカ認識では、中国などが画策する日米分断工作に簡単に乗せられるだろう。

「7枚のマスク」とは、警察に虐殺されたと大坂選手が主張する7人の黒人の名を記し、日替わりで着用したものを指す。別段、世界に「凄いインパクト」を与えたとは思えないが、その点は措く。

大坂はテニスプレーヤーとしては超一流だが、社会的発言については、左翼活動家の夫の影響もあってか、「警察による継続的な黒人ジェノサイド」等、極左ファシスト集団「ＡＮＴＩＦＡ《アンティファ》」を思わせる極端な物言いが多く、米国内で批判を呼んできた。

マスクに名を記した7人の黒人「犠牲者」に関しても、事実関係は複雑である。松川が言うような、「米国警察が黒人の命を軽視」したから起こったと言えるケースは、むしろこの中にはない。

松川は米国の警察官は全員白人の右翼と思っているようだが、実際には黒人もヒスパニックも、アジア系も多い。黒人で富豪の大坂選手が襲われないよう、日頃ガードしてくれているのも、本拠地フロリダの警察である。

銃社会の米国では、警察官は常に、容疑者から撃たれる危険と背中合わせで仕事をしている。一瞬の判断を誤ることとジェノサイド（計画的大虐殺）は、言うまでもなく質的に異なる。

「警察対黒人」の複雑な実態

二つほど例を挙げておこう。

２０２０年8月23日、米ウィスコンシン州ケノーシャで黒人男性が警官に撃たれ重傷を負う事件が起きた。大坂の全米オープン優勝の半月ほど前である。運動体「黒人の命は大事」（以下ＢＬＭ）が警察糾弾デモを組織し、例によって便乗分子による放火、略奪が続いた。

同州を本拠地とするプロバスケット（ＮＢＡ）チーム、ミルウォーキー・バックスが抗議の意思表示として試合をボイコットし、大坂選手も当時出場中だった大会を棄権した。

問題はこの時の声明文である。ＮＢＡ選手らは、「警察の説明責任、警察の蛮行、刑事司法改革などで州議会が意味ある措置を取ること」を求めている。試合のボイコットという手法や「蛮行」という表現をめぐって論議を呼んだものの、議会（すなわち民主的手続き）による改革を求めた点で、それなりに理性的な行動と受け止められた。

一方、大坂の声明は「警察の手による継続的な黒人ジェノサイド」という極端な言葉が踊るものだった。

アメリカの警察が黒人ジェノサイドに走る組織なら、ユダヤ人絶滅作戦を担ったナチスの親衛隊（ＳＳ）と同類となる。であれば、黒人側の「殺される前に殺せ」が正当化されることにもなる。まさに極左暴力集団が掲げる警察襲撃の論理そのものである。

米国の識者も大坂の極論に苦言を呈した。例えば、老舗の保守論壇誌『ナショナル・レビュー』に寄せた論考で、元外交官デイブ・セミナラは次のように述べている。

州に「意味ある措置」を求めたＮＢＡ選手らの声明に対し、「大坂氏は、その見境なく、危険な、感受性を欠いた『ジェノサイド』非難によって警官たちを非人間的存在に貶《おとし》めた」。

さらに、多くの若者が大坂選手の言葉に影響を受けるなら、「警察との暴力的衝突がより多く生まれ、より多くが逮捕に抵抗し、より多くが撃たれることになろう」とし、「彼女の声明は、言語道断かつ不快な上、率直に言って馬鹿げている」と強く論難している。「もし本当に米国警察が黒人ジェノサイドを敢行中というなら、あなたはなぜフロリダに住み続けているのか」と大坂を問い詰めてもいる。

この発砲事案は、暴力的傾向のある知人男性（性暴行、家宅侵入容疑で逮捕状が出ていた）が自宅に来たと助けを求める女性（黒人）の通報を受け、警察が駆け付けたところから始まる。職務質問に男が抵抗し、車内にあったナイフを摑んだのを見て、背後にいた警官が発砲した。

摑んだのが銃なら別だが、一旦距離を取るなどもせず連射したのは過剰防衛と言われても仕方がない。当該警官は責任を問われ、解雇された。

しかしこの事件を、警察による黒人ジェノサイドの一環と位置付けるのは飛躍だろう。警察が黒人の命を救った例も多く、その過程で殉職した警官もいる。

この場合も、助けを求めた女性は、警察の介入のおかげで性暴力から免れた。「自分は何よりも黒人女性」と強調する大坂なら、その事実にも目を向けるべきだろう。

もう一件、大坂がマスクに名を記した「被害者」の１人、黒人女性ブリオナ・テイラーのケースを見ておこう（２０２０年3月13日死亡）。

この事件では、発砲した警官が殺人では不起訴となった。それを受けて抗議デモが起こり、警戒中の警官2名が銃撃を受けて負傷している（9月23日）。

不起訴の理由を、ダニエル・キャメロン州司法長官（黒人）は次のように説明している。〈テイラーの男友達が麻薬の密売人であり、テイラー宅を取引に用いているとの情報が警察に寄せられた。裁判所が発出した急襲許可令状に基づいて私服警官3名がノックの上、室内に踏み込んだ。「警察だ」と叫んだが、テイラーと共にベッドにいた別の男友達が強盗と誤認して発砲。警官1名が足に被弾したため応射し、銃撃戦のさなか、不幸にもテイラーに弾が当たって死亡した。以上を総合的に見て、警官側に落ち度はない――〉

ただしこの事件を機に、急襲捜査のあり方が再検討され、より誤解を与えない形で現場に踏み込むよう義務付ける法改正が行われた。いずれにせよ、警察が計画的に黒人を殺害した事案と見ることは出来ないだろう。

当時、バスケットボール界のレジェンドであるチャールズ・バークリーとシャキール・オニール（いずれも黒人）が、この件まで警官の蛮行とするのは問題で、BLMの「警察の資金を断て」運動にも反対すると明言している。2人は、BLMからの「裏切り者」批判にも節を曲げなかった。「勇気ある行動」は大坂より、むしろ彼らではないか。

真に「黒人の命は大事」と考えるなら、黒人居住区における治安を確保せねばならない。工場や商店が安心して進出できなければ、黒人に職は生まれない。「反警察」を掲げる極左勢力は、治安を半ば意図的に不安定化させる。ＢＬＭの創設者パトリッセ・カラーズ（黒人女性）は「我々は訓練されたマルクス主義者」と公言している。自らは安全な郊外の豪邸に住みつつ、黒人居住区の混乱を策してきた（寄付金流用疑惑から２０２１年にＢＬＭの役職を辞任）。

実際、ＢＬＭの活動が活発化して以来、身の危険の高まりを感じて、護身用の銃を購入する黒人が増えている。実情を冷静に見極めねばならない。

さて、先に引いた松川議員の米国警察中傷は当然、多くの批判を浴びた。２日後の２０２０年９月16日、松川は自らの不見識を認め、謝罪している。

殆どの警官の皆様は命懸けで市民を守っています。それにもかかわらず、軽率なコメントをしてしまったことを関係者の方々に心からお詫び申し上げます。本当に申し訳ありませんでした。

アメリカ留学組の外交官が、みな松川ほど軽率だとは思わないが、危ういことに、「松川るい」は日本の国会においては決して例外的存在ではない。

米最高裁「入試」判決は差別的か

2023年6月末、米連邦最高裁が、大学の入学選考で黒人やヒスパニック系を一律に優遇する（俗にいう「下駄をはかせる」）「アファーマティブ・アクション」（マイノリティ優遇措置、肯定的差別）は違憲とする判決を下した。保守派の判事6人が賛成し、進歩派の判事3人は反対した。

この裁判で被告となったのは、全米最古の私立ハーバード大学と公立で最古のノースカロライナ大学。ハーバードは志願倍率37倍、ノースカロライナ大は10倍といずれも非常に狭き門である。

これら大学の卒業生は「知的エリート」の箔を得て、経済界、政界、官界などにおいて、一般庶民の人生を左右する決定に関与する地位に立つ可能性が高い。裁判の行方が社会的関心を集めた所以である。

バイデン大統領は判決後直ちに「私は強く、強くこの決定に異議を唱える。今の最高裁は普通ではない」とする批判的コメントを発した。差別を助長する決定だという意味である。日本のマスコミ報道もこの線に沿ったものが多かった。果たして事実そうなのか。ハーバードのケースに絞って、判決を仔細に見てみよう。

法廷意見（多数意見）はまず、特定の人種を優遇することは法の下の平等を規定した憲法に違反するという原則を述べる。

１９６４年の公民権法は、特に連邦の補助金を受ける個人・団体が人種、肌の色、民族的出自によって、特定の個人を同じ立場にある別の個人より不利に扱うことを禁じている。ハーバードは、毎年数百万ドルの連邦助成金を受け取っており、この法の適用対象となる。

入試はゼロサム（誰かが通れば誰かが落ちる）であり、特定の受験生の優遇は他の受験生の冷遇となる。ただし、「人種が受験生の人生に与えた影響」を大学側が考慮することを完全に排除するものではない。ただしあくまで、「個人としての経験」に対する考慮でなければならず、特定の人種全体に機械的に加点することは許されない。

それは「特定の人種の学生は、その人種ゆえに同じような考え方をするという侮辱的で屈辱的な仮定」に大学が与することを意味し、不見識と言わざるを得ない。

ハーバードは、人種選考がなければ多様性を確保できないと主張するが、目的と手段の整合性を欠く。すなわち人種の定義が極めてずさんである。

この点については、ニール・ゴーサッチ判事が補足意見で詳細に論じている。すなわち、受験生は「人種自認」について回答を求められる。ハーバードが提示する選択肢は、①アメリカン・インディアンないしアラスカ先住民②アジア人③黒人ないしアフリカン・アメリカン④ハワイ先住民ないし他の太平洋島嶼民⑤ヒスパニックないしラティーノ⑥白人の6類型である。

これらの分類は「支離滅裂な紋切り型」と言う他ない。例えば「アジア人」は、日中韓からインド、パキスタン、バングラデシュの出身者までを包む規定となっている（世界人口の約60％に当たる）。しかし「アジア」には言語、文化、歴史的経験において無数の多様性があり、ひとまとめに「アジア人」として定員を割り振る発想は乱暴に過ぎる。「黒人」についても例えば南部奴隷の子孫と北アフリカの裕福な家庭から移住してきた者では背景が大きく違う。典型的な米郊外家庭に育った学生でも、黒人の血が少しでも入っていれば、受験に有利な黒人を自認することになろう。

国民を数個の人種グループに分ける発想は、混血や文化的混淆《こんこう》が進む米国において時と共にますます整合性が失われていこう。合否ボーダーラインの受験生群に対し「人種調整」

を行う結果、「黒人」および「ヒスパニック」が有利になり、「アジア人」と「白人」が不利になる構図が鮮明である。

さらに別の問題もある。ハーバードは「社会経済的な多様性」も重要、すなわち学生が裕福な家庭の者に偏るのは望ましくないとしつつ、多額寄付者や卒業生（世俗的成功者が多い）の子弟を優遇する制度を維持している。「疑いもなく白人の裕福な家庭の子弟が最も恩恵を受けている」とゴーサッチ判事は指摘する。

裁判の過程でも、この「金持ち優遇」措置をやめるだけで「白人」以外の合格者の割合が増えるとの試算が示されたが、ハーバードはあくまで応じられないとの姿勢を変えなかった。偽善的と言われても仕方ないだろう。

以上、最高裁多数派の意見を要約したが、判決に異を唱えた3人のリベラル派判事の立場は、要するに「黒人」や「ヒスパニック」の既得権を奪うべきではないというに尽きる。

黒人初の大統領と言われるバラク・オバマも、母はアイルランド系の白人、父はケニアからの留学生だった。南部奴隷の系譜ではない。

人種に基づく優遇措置は、人種の定義がますます流動化する現代社会において、様々な不公正や逆差別の温床にならざるを得ない。この2023年最高裁判決は妥当なものと言えるだろう。

この者たちの言動に惑わされるな

日本の首相が自国を貶める発言をする愚

法務省主催の「共生社会と人権に関するシンポジウム」に寄せた「岸田総理ビデオメッセージ」(2024年2月5日)を見て呆れた。準備された原稿を読んだものだけに、首相のみならず、原稿をチェックすべき立場にある官邸チーム全体の見識を大いに疑わざるを得ない。中心部分を要約しておく。

我が国では、外国人、障害者、アイヌ、性的マイノリティなどが不当な差別を受ける事案が少なくない。特定の民族や国籍等に属することを理由に不当な差別的言動を受ける事案や放火や名誉毀損《きそん》等の犯罪被害にまで遭う事案が発生しており、「次は自分が」と日々、恐怖を感じる生活を余儀なくされている人々もいる。

犯罪行為を厳しく取り締まるのは当然だが、我が国は国際標準に照らし、この種の差別や憎悪犯罪が少ない国である。岸田発言は、日本国民に対する「不当な誹謗的言動」と言うほかない。しかもあろうことか、官邸ホームページに英訳文まで載せている。何のための英語発信なのか、正気を疑わざるを得ない。

例えば中国政府は、人権蹂躙《じゅうりん》を指摘された際、「日本にそれを言う資格はない。白らを省みよ」と岸田発言を反撃材料に使うだろう。海外各地で、日本人に対するいわれなき「報復」を招く危険性すらある。

首相が法務省主催の場で公に発信した以上、この誤った認識に沿って、左翼活動家の利権に奉仕する法案の提出や予算措置が講じられかねない。岸田首相は直ちに発言を取り消し、国民に謝罪すべきだったが、自民党内からも、野党、マスコミからも追及の声は上がらなかった。

アメリカで、もし共和党大統領がこうした発信をしたら、多くの同党議員が、直ちに立ち上がって撤回を求めるだろう。安倍首相を失った自民党は、保守政党とは名ばかりの存在に堕した。その一証左であった。

日本が〝文明国〟なら森喜朗辞任はなかった

アメリカでは保守とリベラルの対立が、年々激しさを増している。大きな要因は、リベラル派があらゆる局面で振りかざす「アイデンティティ・ポリティクス」（差別強調政治）にある。

すなわち、人種、性別、性的指向などの違いをことさら強調し、「差別される側」に立つことで政治的な優位を得ようとする手法を指す。「警察対黒人」図式は、放火、略奪まで伴う、とりわけ有害な例である。

この政治手法の言葉狩り的側面が「ポリティカル・コレクトネス」（政治的正しさ）で、日本ではポリコレの略称で目にすることが多い。なおアメリカでは最近、こうした姿勢全般を指す言葉として、ウォークがよく使われる（woke 原義は「目覚めた」。日本語の「意識高い系」が近い。第1章参照）。

思い返すと2021年、東京五輪組織委員会の森喜朗前会長のうかつな片言隻句《へんげんせきく》を一部女性議員やマスコミが「女性蔑視《べっし》」と執拗《しつよう》に追及し、辞任に追い込んだのもポリコレの一種だろう。

「女性の理事は対抗心から競って発言し会議を長引かせる」という趣旨の森発言は、確かに不適当だった。私もさまざまな会合に出るが、そうした「女のバトル」的場面に出会った記憶がない。しっかり裏付けがあっての発言だろうか。

対抗心をむき出しにしたり無駄に話が長かったりという人物は少なからずいるが、男女を問わない。

あるいは森には、特定の女性たちに苦言を呈したい気持ちがあったのかもしれない。それなら一般論としてではなく、具体的に人名ないし会議名を挙げて批判すべきだった。個人を特定できた方が、相手も反論できてフェアである。

仮に、「国会のカミツキガメ」の異名を取った蓮舫や粘着質の揚げ足取りを得意とする辻元清美のような人物ばかりを集めた会議があったなら、森ならずとも腹に据えかねるだろう。しかしそれは人選の誤りであって、人事権者の責任をこそ問わねばならない。

多くの心ある女性は蓮舫、辻元のようなタイプに不快感を抱いている。2024年都知事選の蓮舫惨敗はそれを証明した。連日応援のマイクを握った辻元は選挙後、「（自分たちは）もう通用せえへんのかな」と正しい感想を漏らしている。「女性は」という言い方で彼女らを批判するなら、当然一般の女性から異議の声が上がるだろう。森発言はその意味で「あってはならない」性質のものだった。

しかし、森が発言を撤回、謝罪し、メディアの吊し上げを甘受したにもかかわらず、なおも「五輪精神を蹂躙《じゅうりん》した」、「絶対に許せない」と叩き続けねばならないような話だったか。

森は、民主活動家の投獄や批判的メディアの弾圧を命じたわけではない。「あんな男」が組織委トップでは日本は五輪の開催資格を失うというなら、習近平が実質的主催者である北京冬季五輪（２０２２年開催）など論外だったはずである。叩きやすい森は叩くが巨悪には沈黙する、では文明国の選良と言えない。

森を非難した一人、蓮舫（当時、立民党代表代行）も失言では負けていない。２０２０年４月、コロナ禍で困窮する大学生たちは「辞めたら高卒になる」と発言して「学歴差別」との批判を受け、「高卒で頑張っておられる方々に心からお詫びします。…使う言葉が全く駄目です」と自身のX（旧ツイッター）で謝罪した。

森の「女性蔑視」発言が、辞任しかない許しがたい罪というなら、蓮舫の「高卒蔑視」発言も同類だろう。潔く議員辞職すべきだった。

蓮舫は騒動の最中に「今日は衆参の仲間で白いスーツ。アメリカの女性参政権運動のシンボルで、組織委員会の会長への抗議の意味を込めています」と白装束の女性議員たちが並んだ写真を付けて、森批判の発信をしている。こうした行動の成果か、米紙ニューヨーク・タイムズなど海外のメディアも森を叩く記事を載せた。

しかし、ポリコレの本場アメリカの左翼女性議員も、政敵には厳しいが身内には甘い。一例をあげると、オバマ大統領は、「行動遺伝学は理数分野で男性が女性を上回ることを示している」云々の森を上回る「女性蔑視発言」で批判を浴び、ハーバード大学長の座を追われたローレンス・サマーズ元財務長官を国家経済会議委員長に任命した。経済方針の策定で要《かなめ》となるポジションである。トランプが同様の人事をしていたら、抗議の嵐となったはずである。

グレタ発言を一歩引いて見る

アメリカ、日本、欧州の進歩派が尊崇《そんすう》してやまない反炭素活動家「グレタさん」（2003年生）の口から苛烈《かれつ》な言葉が飛び出した（2021年11月5日）。

各国首脳級が参集して英国で開かれた国連気候変動枠組条約締約国会議（COP26）が「失敗であるのは周知の事実」と断じたのである。

とりわけ、アフガンからの潰走で地に堕ちたイメージを挽回すべく、10人以上の閣僚を連れて乗り込んだバイデン米大統領にとっては衝撃的なひと言だったろう。

しかもグレタ・トゥーンベリは、「『より良き再建』がどうのこうの（Build back better. Blah, blah, blah）、グリーン・エコノミーがどうのこうのと、いわゆるリーダーたちがしゃべっている。言葉だけ立派で何の行動もない」と追い打ちをかけた。

「より良き再建」は、当時のバイデン政権のキャッチフレーズだった。満面の笑みですり寄ってくるバイデンに平手打ちを食らわしたに等しかった。

やはり会議に合わせて訪英したオバマ元米大統領は、グレタの名を挙げつつ、「（若者世代は）怒りを持ち続けてほしい。いら立ちを感じ続けてほしい。この問題を解決するためにはそれが必要だ」と迎合姿勢で連帯を呼びかけた。

しかし当のグレタは、「彼らは特別に選抜した若者たちをこの手の会議に呼ぶ。われわれの声に耳を傾けているフリをするためだ。しかし彼らは聞いていない」と「大人の偽善」への嫌悪感をあらわにした。

持ち上げつつ適当に利用したい進歩派エリートにとって、リベラル派にも批判の矢を向けるグレタは時に厄介《やっかい》な存在と言える。

しかし、「偽善」はグレタ自身に向かう言葉でもある。脱炭素主義者が最も厳しく攻撃すべきは、温室効果ガスの排出量、増加率でともに圧倒的１位の中国共産党政権のはずである。中共批判に及び腰である限り、グレタに限らず、反炭素活動家らは信用されない。

グレタは「直ちに劇的な炭素削減を実行せよ」と叫ぶが、バランス感覚、速度感覚を欠いた脱炭素で最も被害を受けるのは、代替《だいたい》エネルギーを確保する力のない途上国である。先進国においては、不況で真っ先に職を失う非正規労働の女性たちである（コロナ禍で最も自殺率が高かったのもこの層だった）。

高効率の最新型火力発電所は、途上国にとって最も現実的な電源だろう。高い技術を有する日本が、この方面で途上国を支援することに何ら罪悪感を覚える必要はない。米共和党の政治家らは、低公害型の火力発電所の効用を堂々と説いて、グレタの非難にひるむところがない。日本の政治家も驥尾《きび》に付すべきだろう。

バイデン政権は「２０３５年までに火力発電所全廃」を掲げたが、野党共和党のみならず、身内の民主党でも抵抗が強く、早々に関連予算案を撤回した。欧州でも、フランスを筆頭に原発の利用再促進がはっきり唱《とな》えられ出した。

「福島であれだけの事故を起こした日本」が原発に依存することは許されない云々が、小泉進次郎元環境相や野党政治家らの口癖である。

「アジアであれだけの戦争を起こした日本」が軍事研究を行うのは許されない云々の日本学術会議決議に通ずる無責任かつ欺瞞《ぎまん》的な姿勢と言わねばならない。

ノーベル平和賞の光と闇

ノルウェーのノーベル賞委員会が2023年10月6日、イスラム・ファシズム国家イランで不当に収監されている女性人権活動家、ナルゲス・モハンマディ（1972年生）にノーベル平和賞を授与すると発表した。意義ある授賞であった。彼女は獄中でも、「抑圧の象徴」へジャブ（頭髪などを覆い隠す布）に火を着けるなどの形で抵抗を続けてきた。

イスラム研究者の飯山陽は、政権によるへジャブ強要を、イラン版「ベルリンの壁」と呼ぶ。単にファッションをめぐる規制ではなく、イスラム・ファシズム体制を固守するため「民衆に越えさせてはならない一線」と位置付けられているという意味である。

この授賞についてバイデン米大統領は、「揺るぎない彼女の勇気を称える」「不当な拘束の身にあっても、自由と平等を求める声は世界の耳に残っている」「米国は表現の自由と男女平等、ジェンダーに基づく暴力の終結を訴えるイラン国民を支え続ける」としつつ、イラン政府に即時釈放を求めた。

しかし米保守派からは一斉に、バイデンの偽善を批判する声が起こった。トランプ前政権が数次にわたって強化した対イラン制裁を、一貫して緩めてきたのがバイデンだからである。

２０２３年9月にも、イランが不当に拘束した米国人数人と、米国で収監中のイラン人数人を「人質交換」した際、バイデンは併せて、凍結していたイラン政府の在外資産を一部引き出し可能とした。

野党共和党は、拘禁された被害者や関係者の苦痛を思えば、相互釈放までは許容できても、「盗人に追い銭」的な資産凍結解除は論外と強く非難した。「テロの中央銀行」たるイラン政府に資金を渡せば、核兵器開発に使われるのみならず、ハマスなど20前後ある傘下の中東テロ・グループにも回される。

なおイラン政府は、平和賞に最もふさわしいのは「20年以上テロと戦い、世界のために平和と安全を保障した」イラン革命防衛隊の対外破壊工作部門「コッズ部隊」のソレイマニ司令官だとする冷笑的な声明を出してもいる。ソレイマニは、２０２０年1月、トランプ政権が攻撃型ドローンを用いて殺害した、中東テロの司令塔だった男である。ハマスをテロ組織として20年来育ててきたのもソレイマニだった（第1章参照）。

ここでノーベル平和賞の意味について整理しておこう。

ダイナマイトの開発者として知られるスウェーデン人アルフレッド・ノーベル（1833年―1896年）の遺言と遺産によって創設されたノーベル賞は、物理学、化学、生理・医学、文学、平和の5部門からなる（経済学賞は、スウェーデン中央銀行が1968年に設けた全く別の賞。権威付けのためノーベル賞の名を借りている）。

このうち平和賞のみ、ノーベルは選考権限をスウェーデンの学術機関ではなくノルウェーに与えた。具体的には、ノルウェー国会が任命する5人の委員が選考に当たると遺言している。

ノーベルは理由を明記しなかったが、当時、スウェーデンとノルウェーは連合王国を形成しており、相対的に力の弱いノルウェーの方が非軍事的な「平和創出」に智恵を巡らすだろうと考えたようである。

すなわちノーベル平和賞は、人口525万人（2022年）あまりの小国ノルウェーの、通常、進歩派が多数を占める国会が決める賞であり、それ以上でもそれ以下でもない。

ノーベル平和賞に意義が認められるのは、独裁権力と戦う人権・民主活動家に与えられた場合にほぼ限られると言ってよいだろう。

ソ連の反体制科学者アンドレイ・サハロフ（1975年）、ポーランドの反体制労働組合「連帯」委員長のレフ・ワレサ（1983年）、チベットのダライ・ラマ14世（1989年）、中国の民主活動家・劉暁波《りゅうぎょうは》（2010年）などがその例である。国際世論を正しい方向に導く立派な決定であった。2023年のモハンマディ授賞もこの流れに属する。収監中に平和賞授与が決まったのは、劉暁波以来のことだった。

一方、国際官僚機構を対象とした「逃げの授賞」も多い。2001年の国連及び事務総長のコフィ・アナン、2005年の国際原子力機関（IAEA）及び事務局長のモハメッド・エルバラダイ、2012年の欧州連合（EU）、2020年の世界食糧計画（WFP）などが代表例である。

現在進行形の巨悪との対峙《たいじ》を避け、適当にお茶を濁《にご》したい時に使われるのが国際機関と言っても過言ではない。国連の機能不全は改めて指摘するまでもない。IAEAのエルバラダイ（エジプト人）は、イランの秘密核兵器開発に対して、お座なりな対応に終始した人物である。

WFPは北朝鮮にかなりの食糧援助をしてきた。その間、核開発資金を国際市場での食糧購入に回せといった注文を付けたことがない。WFPが提供した食糧は、軍や弾圧機関に優先的に回されたであろう。

気脈を通じた進歩派NGOに対する資金供与と箔付《はくづ》けを意図した「馴れ合い授賞」も目立つ。2017年の「核兵器廃絶国際キャンペーン」（ICAN）など典型例である。

2017年と言えば、7月13日に劉暁波が獄死した年であり、10月に発表される平和賞では、中国の民主活動家を選び、北京に糾弾メッセージを送るべきだった。ところが平和賞委員会は「逃げの授賞」に走った。ICANは岸田首相とも発想が通じる、現実的意味を持たない反核運動体である。

ICAN授賞に際して選考委員会は、「北朝鮮にみられるように多くの国が核開発に取り組む現実の脅威がある」と述べているが、2000年には、太陽政策と称して北に多額の資金を渡し「現実の脅威」を増大させた韓国の金大中大統領に授賞している。

現在ファシズム連合を構成する「新・悪の枢軸」ロシア、中国、イランの内、ロシアとイランについては、反プーチン・ジャーナリストのドミトリー・ムラトフ授賞（2021年）、モハンマディ授賞（2023年）と選考委員会はある程度踏み込んでいる。

ところが、中国に対しては怯《おび》えがあるらしく、香港人、ウイグル人はじめ獄中の、あるいは亡命中の民主活動家が多数いるにもかかわらずノーベル委員会は横を向き続けている。

中国はかつて、劉暁波授賞に対してノルウェー産物品の禁輸で応じた。再度の報復は避けたい、「触らぬ神に祟りなし」がノルウェー側の気分なのだろう。

G7を中心とする自由主義圏は、ノルウェーを叱咤するとともに、中国の報復に対しては、ノルウェー物品の緊急輸入や対中制裁などで共同対処する旨を明確にし、背中を押すべきだろう。

ノーベル平和賞の政治学

1990年、ソ連の共産党独裁体制を終わらせ、東欧の民主化を実現させた功績を称えて、ミハイル・ゴルバチョフ（当時ソ連大統領、共産党書記長）がノーベル平和賞受賞者に選ばれた。ところが、「力を通じた平和」を掲げ、ソ連崩壊の流れを加速させたロナルド・レーガン元米大統領は無視された。保守派のレーガンやトランプの受賞などは絶対的タブーなのだろう。

ちなみに米大統領では、過去に4人が受賞している。ウッドロー・ウィルソン（1919年）、ジミー・カーター（2002年）、バラク・オバマ（2009年）の3人はいずれも民主党で、いかにも進歩派好みの人選と言える。

国際連盟創設が功績とされたウィルソンは黒人を劣等人種と見なし、優生学を信奉した白人エリート主義者だが、そうした負の要素は考慮されなかった。

カーター授賞に際しては、選考委員長が「これは現在の米政権の路線への批判と解釈されるべきである」と、「テロとの戦争」を進めるブッシュ政権への牽制が目的だったとわざわざ記者会見で念押ししている。

レーガンとは対照的に、いかなる非人道的独裁者とも妥協し、共存を図るべきと考えるカーターは、選考委員会と基本姿勢を共有する存在であった。

大統領就任1年目で、曖昧に核廃絶の希望を述べたに過ぎず実績のない若い黒人政治家オバマの受賞は、単に国際進歩派陣営の歓迎ムードに乗ったものという他ない。

唯一色合いが異なるのは、セオドア・ルーズベルト大統領（共和党）への授賞である（1906年）。ルーズベルトは、1898年、キューバの支配権をめぐって起こった米西戦争で、突撃部隊を率いた勇猛果敢な働きで名を馳せ、生涯、尚武の精神を説き続けた人物である。「穏やかに語り、棍棒を持ち歩く。そうすればうまく行く」(Speak softly and carry a big stick; you will go far) という言葉は、外交世界でよく知られている。

選考委は、日露戦争の講和を斡旋したことを授賞理由に挙げたが、その背後に、当時国民投票でスウェーデンからの独立を決め、不安を抱えていたノルウェーが、現職の米大統領ルーズベルトへの授賞で、大西洋を挟んで台頭するアメリカとの関係を強化したいと考えたのではないかと言われている。

実際、当時の選考委員長はノルウェーの外相だった。平和賞は当然ながら、ノルウェーの国益と無縁ではない。

ちなみに、第二次世界大戦終戦の年である1945年は、日本に一方的譲歩を迫ったハル・ノートで知られるコーデル・ハル元米国務長官が受賞している。ユダヤ系であることに加え、死期の迫ったフランクリン・ルーズベルト大統領の強い働き掛けがあったとされる。

2007年には、「気候変動伝道師」と呼ばれるアル・ゴア元米副大統領が選ばれた。国際的な脱炭素運動の高まりに寄り添った動きだったと言えよう。

ところでノーベルは、平和賞受賞者の要件として、国家間の「友愛（fraternity）に尽くした」こと及び常備軍廃止に貢献したことを挙げている。

余談だが（また余談で終わらなければ困るが）、「友愛」と言えば鳩山由紀夫元首相の代名詞である。鳩山は近年とみに、中国政府の主張を受け売りしつつ、日本の軍事力強化に反対する発信の頻度を上げている。ノーベルが示した条件に当てはまる鳩山を、中国は水面下で受賞者に推しているという。「まさか」とは思うが、警戒を怠ってはならない。

第４章　日本の弱腰外交に喝！

「スカートの下に隠れる」恥ずべき日本外交

中露外相に反論できなかった茂木敏充、河野太郎

２０２４年１月12日、紅海を通行する「イスラエル関係」の船舶への攻撃を繰り返すイエメンのイラン系テロ組織「フーシ派」の拠点を、米英軍が爆撃した。その後も、追加攻撃が続いた。

米空母アイゼンハワーから飛び立ち、空対地ミサイルを発射した戦闘機「スーパーホーネット」は、映画『トップガン』で主演のトム・クルーズが操縦桿《そうじゅうかん》を握った空母艦載機である。英軍の戦闘機タイフーンは、地中海のキプロスの基地から戦闘に参加した。

フーシ派は、イスラエルと戦うハマスへの連帯行動と称して、2023年11月中旬以来、船舶襲撃テロを活発化させていた。

「ついに米英が軍事的対抗手段に出た」わけだが、米保守派においては、バイデン大統領の決断は遅すぎた、逡巡したことで抑止力が低下し、イランと傘下のテロ勢力を勢いづかせた、との批判が噴出した。加えて、そもそもバイデン政権の対イラン宥和《ゆうわ》政策が、今日《こんにち》の中東の混乱を招いたと指弾する声は多い。

確かに、「テロの震源」イランを制裁で締め上げつつ、サウジアラビアとの関係を強化し、湾岸アラブ諸国とイスラエルの国交正常化を仲介したトランプ時代に比べ、情勢ははるかに不安定化した。

なお日本のマスコミは、最大勢力ヒズボラを含む中東のテロ組織を「親イラン民兵組織」「親イラン武装勢力」「イスラム勢力」などと中立的用語で表すのが常だが、イランが資金、武器を提供し、戦闘訓練を施している「テロ一択」の集団群である事実に鑑みれば、より明示的に「イラン系テロ組織」と呼ぶべきだろう。

本来、原油の9割以上を中東から輸入する日本も、米英軍と共に対テロ軍事作戦に参加すべき立場にある。少なくとも側面支援はせねばならない。実際、日本関係の船舶もフーシ派やイランからの攻撃を受けている。

ところが、林芳正官房長官が日本政府を代表して、米英の行動を支持する旨を表明したものの、木原稔《みのる》防衛相が、日本としては近海における「海賊対処行動」以上のことはできず、米英の軍事活動に自衛隊が参加する予定はないと語るなど、全体として腰の引けた印象を与えた。

テロ集団フーシ派は、私的利益を追求する「海賊」とは違い、現行法のもとでは自衛隊は対応できないというわけだが、国際的には通用しない論である。海賊以上の武力を持つテロ組織だからこそ、軍の出動が必要となる。

米英首脳は、フーシ派攻撃に当たって、カナダ、オーストラリア、オランダ、バーレーンの支援を受けたと発表した。「平和憲法」で自縄自縛《じじょうじばく》の日本は、間接的な協力すらしなかったわけである。

米英はまた、オーストラリア、バーレーン、カナダ、デンマーク、ドイツ、オランダ、ニュージーランド、韓国とともに「我々は、引き続き脅威に直面する中で、生命および世界で最も重要な水路における自由な商業活動を守ることを躊躇《ちゅうちょ》しない」とする10カ国共同声明も発出した。ここにも日本の名はない。アジアの代表は日本でなく韓国、と見られても仕方ないだろう。

この10カ国共同声明には「集団的自衛権の発動として」という文言が見える。日本政府部内の検討過程で、「これでは憲法上参加できない」と不参加を決めたものと思われる。しかし日本国憲法は本来、集団的自衛権の行使を否定していない。

旧日米安保条約（1952年発効）には、この条約は集団的自衛権の「行使として」結ばれたと明記してある。ところがその4年後の1956年、時の鳩山一郎政権が、日本は主権国家として当然集団的自衛権を有するが、現行憲法はその行使を禁じているという「新解釈」を打ち出し、今日に至っている。

ハマスの残虐きわまりないテロを非難し、イスラエルの自衛権発動を支持する6か国共同宣言（2023年10月23日）にも、日本（岸田政権）はG7で唯一加わらなかった。さらに続いて、片思い的に「伝統的な親日国」と呼ぶイランの反発を恐れ、フーシ派に対しても逃げ腰の対応を取ったことで、日本の信用は大きく傷ついた。

今後、仮に英国と日本が同時に脅威に晒《さら》された場合、米国は当然、「共に体を張る」英国への支援を優先しよう。

情けない男を揶揄《やゆ》する言葉に「女のスカートの下に隠れる」がある。日本外交は、隠れるスカートを求めて右往左往する状態をいつまで続けるのか。まずは、「集団的自衛権はあるが行使できない」という非常識な憲法解釈を早急に改めるべきだろう。この部分に関しては憲法を改正する必要はない。解釈を、１９５６年以前に戻せばよいだけである。それすら出来ないなら、「政治の意思」などないも同然だろう。

足蹴にされる「大人の対応」外交

２０２１年11月24日、来日中の王毅《おうき》外相が、茂木敏充外相と並んだ日中共同記者会見の場で、「日本の漁船が釣魚島《ちょうぎょとう》（尖閣の中国名）周辺の敏感な水域に入る事態が発生している。中国側としてはやむを得ず、必要な対応に出なければならない」と恫喝めいた発言を行った。

ところが横にいた茂木は何ら反論せず、ひたすら柔和な表情を浮かべるのみだった。さらに茂木は同日夜、自身のフェイスブックに、王毅と笑顔で「肘タッチ」する写真をアップしている。危機意識も責任感も、あまりに欠いた態度だった。

勢いを得た王毅は、翌25日の菅義偉《すがよしひで》首相（当時）との会談後、「偽装漁船が繰り返し敏感な海域に入っている。このような船を入れないようにすることが大事だ」と発言をエスカレートさせた。相手が弱腰と見れば嵩《かさ》にかかってくる。中国が特に露骨とはいえ、これは国際社会の常識だろう。

ホームグラウンドの東京においてすらこうである。場所が北京だったら、世界注視のもと、茂木がどこまで足蹴にされたか分からない。

河野太郎に至っては輪を掛けて論外である。2019年1月14日、モスクワで行われた日露外相会談後の記者会見で、ロシアのラブロフ外相が北方領土に関して、傲然《ごうぜん》とこう言い放った。

国連憲章107条(いわゆる敵国条項)は、第2次大戦の結果を認めよと規定している。再度詳しく日本側に伝えた。河野外相から反論はなかった。

その後の非公式記者懇談の場で、この発言の真偽を尋ねた日本の記者団に対し河野は、「会談の内容は対外的に公表しないことにしている」と木で鼻をくったような対応に終始した。要するに、ロシアの勝手な言い分に対し、何ら反論しなかったわけである。相手が会談内容を先んじて「対外的に」暴露し、攻勢に出ているにもかかわらず、である。

当然ながら、ＮＨＫをはじめ当日のニュースは、ラブロフ発言のみを大きく報じた。視聴者は、ロシア側のプロパガンダ（政治宣伝）に一方的に晒《さら》されたわけである。河野がひたすら殻《から》にこもって沈黙した以上、メディアを責めることはできない。

河野の潰走《かいそう》は、実は会談前日に始まっていた。ロシア外務省のザハロワ報道官が「非常に驚いたことに、協議の前日になって日本が共同記者会見を開かないよう頼んできた。不安定な情報環境を作って人を惑わそうとする、矛盾した奇妙な行動を取っている」と河野批判の国際発信を行った。

相手が打ち返してこないと見れば、ロシアは容赦なく追い打ちを掛けてくる。中国外交やロシア外交の辞書に、もちろん「大人の対応」「謙譲の美徳」といった文字はない。

今後も日本の外相には、茂木や河野のような内弁慶タイプや、生気なき棒読みのみの上川陽子のような人物が就くだろう。世論が継続的に強く尻を叩かなければ、どこまで押し込まれるか分からない。

茂木が王毅にいいようにあしらわれた先の日中外相共同会見について、各党党首のうち、最も正鵠を射た批判をしたのは共産党委員長の志位和夫だった。

尖閣諸島周辺の緊張と事態の複雑化の最大の原因は日本が実効支配している領土、領域に対して力ずくで現状変更しようとしている中国側にある。中国側の覇権主義的な行動が一番の問題だ。にもかかわらず、王毅発言は日本に責任を転嫁する、驚くべき傲岸《ごうがん》不遜《ふそん》な暴言だ。重大なのは、茂木氏が何らの反論もしなければ、批判もしなかったこと。中国側の不当で一方的な主張だけが残る事態になる。極めてだらしない態度だ。

堂々たる正論である。しかし共産党の場合、一方で、「力ずくで現状変更しようとしている不当で傲岸不遜な中国」に対して防衛力を充実させる試みにことごとく反対し、日米安保条約の廃棄を唱えてきた。全体として信用されないのも当然だろう。

なお、論外の外交枠組ながら、どの政党からもマスコミからも疑問の声が出ないものに「日中韓サミット（首脳会議）」がある。日本は首相、韓国は大統領とそれぞれ行政府のトップが出るのに対し、中国のみは国家主席でなくナンバーツーの首相（現在は李強《りきょう》）が対応することを許している。サイドで開かれる日本のナンバー1対中国のナンバー2の会談（2024年の場合、岸田と李強）も、政府は「日中首脳会談」と表現する。

中国は日韓より格上の国という意識に、政界全体、マスコミ全体が染まり切っているのではないか。例えばアメリカが、このような枠組を「サミット」として受け入れることはあり得ない。現行の日中韓サミットは早急に解消し、中国もナンバー1を出してくる形に仕切り直すべきである。

ちなみに、この植民地的枠組は媚中派の福田康夫首相が無批判に受け入れたものである（福田がほどなく辞任したため、第1回会合に出たのは後任の麻生太郎首相）。ソウルでの第9回会議（２０２４年5月27日）はコロナ禍を挟んだため、４年半ぶりの開催となった。格好のリセットの機会であったにもかかわらず、何ら旧弊を改めようとしなかった官邸、外務省の責任は大きい。

国を守る意志を示せ

まるで国際暴力団の顧問弁護士

１９８４年11月、神戸市内のゴルフ場で暴力団山口組の渡辺芳則《よしのり》5代目組長（当時、若頭補佐）のマナーを注意した男性サラリーマンに配下の組員らが暴行を加え、全治45日の重傷を負わせる事件があった。

その後の裁判で渡辺は、共謀共同正犯として懲役10月執行猶予3年の有罪判決を受けたが、この時の山口組顧問弁護士の言い分が振るっていた。

しつこく因縁《いんねん》を付けてくるサラリーマンを「渡辺さん」が何とか宥《なだ》めようと努めたが、聴く耳持たず迫ってくるため、周囲が堪忍袋の緒を切らせ、手荒な真似に及んでしまったというのである。

どこから見てもヤクザの集団である渡辺らに執拗《しつよう》に絡むサラリーマンがいるとは思えない。裁判所が山口組版ストーリーを認めなかったのは当然である。

なぜこのエピソードを思い出したか。プーチン・ロシアによる露骨な侵略を、ウクライナ側がロシア系住民を迫害したせいだとか、ウクライナは無理な抵抗をやめて降伏すべきだなどと論ずる評論家群を見ていて、類似性を感じたためである。

それら評論家の代表格で、フジテレビが頻繁に起用する橋下徹などは、ワイドショー・コメンテーターというより、「国際暴力団の顧問弁護士」の方が肩書としてふさわしいのではないか。

彼は太陽光利権に絡む事件でマスコミの寵愛を失った「国際政治学者」三浦瑠麗らとともに、2022年北京五輪の「外交的ボイコット」にも繰り返し反対した（外交ボイコットは、政府高官の開閉会式不参加を意味し、抗議の意思表示として最も低いレベル）。

そして、北京五輪閉幕（２月20日）直後の24日に、ロシアがウクライナ侵略を開始するや橋下は、対露包囲網構築に「協力」を得るため中国に「手土産」や「譲歩」を差し出さねばならないと主張し始めた。

政治はお願い。（中国が）お願いしても聞いてくれないとなったら、手土産を持って行く。まさにそういう政治をやって味方に引き入れないと（３月18日、読売テレビにて）

同様の発言は、自民党の高市早苗政調会長（当時）を前に、フジテレビの番組でもしていた。産経新聞の記事から引いておく（３月６日付）。

ロシアに対する経済制裁について、橋下氏は「中国を取り込まないと制裁の効きが弱いともいわれている」と指摘。実効性を高めるには中国の協力が必要として、「中国に頭を下げてでも、こっちに付いてもらう必要があるか」と問いかけた。これに対し、高市氏は「中国に頭を下げる必要はない」と反論した。橋下氏は「何かしらの譲歩がないと中国は乗ってこないんじゃないか」とたたみかけた。高市氏は「どんな譲歩か」と不快感を示し…（以下略）。

まさに「どんな譲歩か」聞きたいところである。おそらく、ウイグル人の強制労働を理由にアメリカが輸入禁止とした中国製太陽光パネルを日本が代わりに買い取れ、上海電力にもっと自由な活動を認めろといった利権絡みの話だろう。

ロシアの侵略に関してさらに橋下は、抵抗すれば死傷者が増えるだけだから「政治的妥結」（降伏ないし領土割譲の意だろう）をし、他日を期すべきだと、在日ウクライナ人の国際政治研究者らに居丈高に説教した。しかし橋下の論には、第1章でみたトランプ陣営の「停戦」プランのような戦略性は何ら窺えない。

さらに言えば、この発言は「一切抵抗してはならない、政治的妥結が大事とボクが日本国民を説得するから、安心して尖閣でも沖縄でも獲りに来て」と中国指導部にメッセージを送ったに等しい。「無罪請負人」ならぬ「降伏請負人」の体《てい》である。

中国は常に日本世論の動向を注視している。プーチン同様に独裁病が進行した習近平が、地上波テレビで「指導的論客」扱いされる橋下の影響力を過大評価し、冒険的行動に出ないとも限らない。国益に反する野放図な発信を許すマスコミの罪は重い。

「宇宙塵」鳩山由紀夫の安倍批判

その風貌および地に足が付いていると思えない言動から「宇宙人」と呼ばれる鳩山由紀夫元首相。目に飛び込む不快な塵《ちり》のようだという意味で「宇宙塵《じん》」と表す人もいる、「反面教師が天職」とされる人物である。

その鳩山は、他の諸テーマ同様、台湾に関する発言も、常に非常に問題である。「放っておけばよい」と言う向きもあるが、テレビの世界などでは鳩山的な意見がむしろ主流である。原初は密度が非常に低い宇宙塵も、長期的には集まって暗黒星雲を成すことがある。しっかり反駁《はんばく》しなければ、意外な影響力を持ちかねない。まず、鳩山のX（旧ツイッター）を一つ取り上げよう。

安倍前総理は会合で、台湾有事は日本有事である、習近平主席よ、誤った道に踏み込むな、という趣旨の発言をした。台湾有事は日本有事はその通りだが、その時いくら米軍が味方とは言え、日本はミサイル攻撃を受け壊滅の危機となる。台湾の独立派を抑え

て台湾有事にさせないことが日本の生きる道である（2021年12月4日）

これは、安倍が同年12月1日、台湾の研究所主催のオンライン・イベントで、「台湾有事は日本有事だ。すなわち日米同盟の有事でもある。この認識を習近平国家主席は断じて見誤るべきではない」と語ったのを批判したものである。

台湾有事は中共の侵略によって起こる、が常識だが、鳩山の目には「台湾の独立派」（すなわち与党民進党を指すのだろう）こそが「戦争勢力」と映るらしい。鳩山流解釈では、日中の緊張も「日本の独立派」のせいということになるのだろう。

ちなみに台湾人の圧倒的多数は、保守強硬派も含め、中共に侵略の口実を与えないよう、「台湾はすでに独立しており、改めて宣言する必要はない」との立場を取っている。もちろん「大陸反攻」など、今や常識人の誰も考えていない。

鳩山は、安倍に対する憤懣《ふんまん》抑えがたかったのか、3日後にも改めて噛みついている（2021年12月7日）。

安倍前総理の台湾有事は日本有事で日米同盟有事発言は中国を怒らせただけでなく米

国を困惑させた。米国は台湾有事でも台湾を防衛する義務はないと言っているからだ。

ところが、安倍発言から2日後、アントニー・ブリンケン米国務長官は中共の台湾侵攻についてこう語っている。

中国の指導者は恐るべき結果をもたらす危機を引き起こさないよう、きわめて慎重に考えてもらいたい。アメリカは台湾の自衛に断固として関与していく。

これより先、バイデン大統領も、台湾が中国に攻撃されればアメリカは助けに行くのかと聞かれて、「イエス。われわれはそう公約している」と答えている（10月21日）。

それ以前にも、「アメリカは頼りにならないと中国が台湾に言っているが」とテレビキャスターに水を向けられたバイデンは、「アメリカはNATO同盟国が侵略されれば対応する『聖なる公約』をしている。日本についても同じ、韓国についても同じ、台湾についても同じだ」と応じている（8月18日）。

米台間に明文化された同盟条約はなく、国務省条約局的立場からは、確かにバイデン発言は不正確であり、勇み足だろう。

しかし、危険度を増す習近平政権を強く牽制せねばならないという意識は、アメリカにおいて党派を超えて固まりつつある。連帯の意思表示として、超党派議員団が米軍機で台湾を訪れる頻度も増している。

第1章で触れたとおり、米議会は訪問外交だけでなく、軍人同士の往来を公式に認めた「台湾旅行法」制定（2018年）、米台合同軍事演習実施を盛り込んだ「台湾抵抗力強化法」制定（2022年）など、議会の本分たる立法行為でも着実に築城している。バイデン発言はこの流れに沿ったものである。したがって野党の共和党も「失言」として追及しなかった。

台湾は南シナ海と太平洋を結ぶ結節点にあり、アメリカが海洋強国であり続けようとする限り、自由主義陣営にがっちり組み込まれていなくてはならない。戦略的に妥協の余地はない。

要するに、鳩山が言うような、安倍発言が「米国を困惑させた」といった事実はない。むしろ高まっているのは、「台湾有事は日米同盟有事」との認識のもと、日本はもっと責任を分担せよとの声である。トランプ政権になれば、ますますその声は高まるだろう。ここでも、常にそうであるように、鳩山解説の真逆が正しい。

第５章　国家観・歴史観なき日本の政治家たち

ああ、「不作の学年」か

同学年の政治家を評す

２０２３年、阪神タイガースを日本シリーズ優勝に導いた岡田彰布《あきのぶ》監督は私と同学年である（１９５７年度生まれ）。ついでに言えば岸田文雄首相も同学年。いつのまにか我が世代は、日本の各部門の「指導者」として責任を果たすよう求められる年齢となった。

しかし残念ながら、政界に関しては「不作の学年」と断ぜざるを得ない。バイデン米民主党政権と公明党に言われるままにＬＧＢＴ利権法を強行成立させ、保守派の信を失った岸田はもとより、岩屋毅《いわやたけし》、新藤義孝《よしたか》、野田佳彦《よしひこ》、中谷元《げん》、石原伸晃など溜息しか出ない名前が並ぶ。

岩屋は超党派のLGBT議連の会長であり、拉致問題を棚上げした「国交正常化」を目指す日朝議連の幹部でもある。

岩屋については次のようなエピソードもある。2021年7月7日、自民党本部で開かれた「党中央政治大学院」なる会合の場で、岩屋が「多様性を包含できるのがリベラルだという勢力が、党の中になければいけない」と語ったところ、講師を務めた河野洋平元党総裁が「涙が出るほどうれしい」と応じたという。

三文芝居のようなやり取りだが、この「リベラル」という片仮名用語は日本政治に不健全な濁りをもたらしている主犯の一つである。朝日新聞に近い立場を取るが、共産党とは一線を画したい「心情左翼」議員たちが、与野党問わず、好んで自らを規定する用語が「リベラル」である。私はこの不透明な言葉を避け、ある程度否定的ニュアンスが定着した「進歩派」ないし「うすら左翼」を使うようにしている。

岩屋に話を戻せば、彼はかつて防衛相時代、韓国の駆逐艦が海上自衛隊機に火器管制レーダーを照射する危険行為に出た問題（2018年12月20日）で、何ら毅然たる態度を取らず、その後の混迷に道を開いた。

当時、佐藤正久外務副大臣や山田宏防衛政務官、自衛隊制服組トップの河野克俊統合幕僚長、小野寺五典自民党安保調査会長らが韓国側を厳しく批判し、謝罪と再発防止を求める立場を鮮明にした。小野寺は岩屋に対し、「この問題を見過ごせば自衛隊員の政治不信につながる。政府は『韓国側と協議する』というが、協議ではなく抗議だという強い姿勢で臨んでほしい」と直接注文を付けている。しかし岩屋は動かなかった。

事件発生からひと月を経た段階でもまだ、「誤解があってはいけないので、どこかの段階できちんと説明しなければいけない」「辛抱強く対応しなければならず、韓国側とどのように協議を進めていくべきかよく考えたい」など、煮え切らない発言を続けていた（２０１９年1月19日、訪問先のハワイで）。

現地で発言を伝え聞いた米太平洋軍幹部も「この男とは戦略を論じ得ない」と呆れたことだろう。結局岩屋の初動の誤りが、「火器管制レーダー照射」問題をどこまでもこじらせることになった。

中以下の人材ばかり

次に新藤義孝だが、岸田の指示に忠実に従って、２０２３年6月、「ＬＧＢＴ利権法案」

を強引に成立させる中心となり、論功行賞で経済再生担当大臣ポストを得た。一方、自身の選挙区である埼玉県川口市で尖鋭化した不法移民問題は、国政の将来を左右する重要事案であるにもかかわらず、何ら責任ある行動を取っていない。

新藤の宣伝ポスターには、「政治は街から。」と大書した上で、「政治家が街を忘れ、永田町で戦っても日本はよくなりません。政治の基本は街からです」と立派な文句が連ねてあるが、ここまで言行不一致が露骨なケースも珍しいだろう。

野田佳彦は、「増税を打ち出す政治家こそが勇気ある政治家」という財務省の洗脳工作に、岸田以上に完全にやられ、首相時代に日本経済を沈滞させる大規模消費増税のレールを敷いた。よく通る声で、滑舌よく演説するが、内実が伴わない。空虚な政治家の代表例と言えるだろう。

時代の空気を人生の同じ時期に吸ってきた者同士が、最も的確に評価し合えるという、かなり信憑性の高い経験則がある。1957年度生まれで国会議員になった者は、いずれもクラスで中の下かそれ以下の人材と結論せざるを得ない。

2023年11月初旬、支持率が危険水域の30%を切った岸田は、機を窺《うかが》っていた解散総選挙を断念した。ネット上で「増税くそメガネ」とまで言われた世評を打ち消すべく、財務省の意向に反して「定額減税」を掲げたものの、場当たり的で小規模な案しか出せず、かえって姑息《こそく》のイメージを強めた。

一方、日本のディープステート（深く根を張った、独善的で頑なな官僚体制）を代表する財務省からは、期待通りに各種の増税を実行できず、世論の圧力で小出しの減税に走りかねない「不安定な男」と見なされ、さまざまな揺さぶりを受けるに至った。財務官僚の操り人形と言うべき鈴木俊一財務相や宮沢洋一自民「増税」会長が繰り返し行った、岸田の定額減税にブレーキをかけるような造反発言がその例である。

岸田に起死回生の一手があるとすれば、「安定成長こそが安定財源。消費減税、ガソリン減税、再エネ賦課金廃止等に政治生命を懸けて取り組む。必ず次の国会に法案を出す。『増税による経済低迷か、減税による経済活性化か』を国民に問いたい」と宣言して衆院解散に打って出ることだったろう。

減税に反対する人間は公認しない、どころか刺客を立てて葬り去る、と小泉「郵政選挙」張りの勝負に出れば、一転、歴史に残る宰相ともなり得た。しかし、消費減税は考えることもしないとわざわざ明言した岸田であってみれば、所詮、夢物語だったろう。

２０２３年10月25日、自民党の世耕弘成参院幹事長（当時）が代表質問で「岸田総理は意志薄弱で指導者の器ではない。国民は怒り、呆れている」との趣旨を語り、物議を醸《かも》した。その後、岸田が反撃に出て、世耕の方がパーティ券「裏金」問題の責任を負わされる形で、離党に追い込まれたが、その岸田評が間違っていたわけではない。

国連で演説するたびに世界の左翼団体に日本国民の税金をばらまく岸田の「核廃絶」外交も、何の成果も生まないことが初めから明らかな、虚《むな》しい自己アピールに過ぎない。

2022年12月、岸田の肝入りで、「核兵器のない世界」に向けた第1回国際賢人会議が広島で開かれた。そもそも屋上屋を架す無意味な企画だったが、「バランス」を取るためとしてロシアや中国の御用学者も招いた結果、無意味を超えて、核脅迫を繰り返すファシズム国家に正当化アピールを繰り広げさせる場となった。その後、ロシア政府は包括的核実験禁止条約(CTBT)からの離脱を表明し、2023年11月2日、正式に離脱(批准撤回)している。

岸田が核廃絶パフォーマンスを続けるのは勝手だが、日本国民の税金ではなく、自らのポケットマネーで行うべきだろう。そして、日本に必要なのは独自核抑止力の保持だという私の議論などにも「聞く力」の片鱗《へんりん》ぐらいは見せて欲しいものである。

拉致問題の重大機会を逃した岸田訪米

日本のマスコミは押しなべて、2024年4月中旬の岸田首相訪米を「成功」と報じた。一体、何を基準としての評価なのかよく分からない。

まず「岸田首相のジョーク、沸く夕食会」（共同）、「首相のジョークに沸く」（読売）、「ジョーク連発」（産経）とメディアが高得点を付けた公式晩餐会スピーチにひと言触れておこう。

気になったのは、日本国を代表する身でありながら、自身の選挙区である「ヒロシマ」をジョーク以上に連発したことだ。

「私の故郷である広島」

「故ダニエル・イノウエ上院議員が大統領の良き友人だったことは知っています。彼の母親も広島出身でした」

「同じく広島出身の池田首相」

「（米SFドラマ『スタートレック』に登場する宇宙艦）の操舵手ヒカル・スールーを演じたジョージ・タケイも広島にルーツを持っています」

広島の原爆被害をそれとなく示唆《しさ》し「核廃絶行脚《あんぎゃ》」の一頁としたかったのだろうか。それにしては遠回し過ぎるし、「日米同盟の抑止力の強化」を重要課題とすべき訪米の趣旨にも合わない。

岸田は日本国の首相でありながら、海外で自身の派閥宏池《こうち》会の意義を強調して顰蹙《ひんしゅく》を買ったことがあった。しかし、その後政治的に追い込まれる中で、突如、その愛する宏池会を自爆テロ的に解散した（2024年1月23日。他のほとんどの派閥も追随を余儀なくされた）。それゆえやむなく、宏池会の代わりに広島を持ってきたのかも知れないが、首相として常に体現すべきは「日本」だろう。

父（文武。通産官僚、その後自民党衆院議員）の仕事の関係で小学校前期を米国ニューヨークで暮らした岸田らしく、明らかに原稿を読んでいるにせよ、発音や文節の切り方は悪くなかった。ジョークのレベルは普通。比較的短く切り上げたのはプラス。総じて70点というところか。

問題は、その翌日、米上下両院議員が居並ぶ前で行った議会演説である。特に拉致に関する箇所に疑問がある。

一応言及したものの、「北朝鮮による拉致問題は、引き続き重大な問題です」（The issue of abductions by North Korea remains a critical issue.）のひと言のみ。何の補足説明も、連帯の呼びかけもなく、お座なりと言うほかなかった。

特にアメリカの上下両院議員を前にしての演説である以上、なぜ米国人拉致に関する米議会決議に触れなかったのか。第2章である程度触れたが、もう一度ポイントを整理しておく。

米下院は2016年9月、上院は2018年11月、それぞれ「デヴィド・スネドンの失踪に懸念を表明する決議」を採択し、北朝鮮による拉致の可能性が濃厚とする立場を示した。

スネドン青年は、2004年8月、中国雲南省で姿を消した（当時24歳）。家族や専門家の調査分析の結果、北朝鮮の影が浮かび上がる。

状況証拠や証言に照らすと、スネドンは、脱北者の逃亡を支援した容疑で中国当局に拘束され、釈放後に北朝鮮の国家安全保衛部員に拉致された可能性が高い。東南アジアと境を接する雲南省は脱北者が中国から外部世界に出る最終地点に当たり、北の工作機関が目を光らせていた。

中国当局の誰かが、金銭的報酬と引き替えに、釈放の時間・場所を北に教えたと見る米専門家もいる。中国政府は、遺体は発見されていないがトレッキング中の転落死だろうと米側に伝えてきたが、家族らの現地調査ではスネドンは渓谷（虎跳峡《こちょうきょう》）を無事渡り切っている（その後、中国側証人らは口を閉ざしてしまった。当局から圧力が掛かったと見られる）。

スネドンはトレッキングに出る直前、北京で友人（米国人留学生）と過ごしていた。中国朝鮮族の研究に従事していた友人は、北朝鮮での調査を申請して却下され、そのせいもあって国外退去を命じられていた。中国は友人を監視対象にしていただろう。南方に向かうスネドンが友人と間違えられた、あるいはスネドン自身が脱北者支援の活動家と疑われた可能性がある。

またスネドン失踪の直前に当たる7月末、ベトナムが、自国に流入した脱北者468人の韓国移送を決定したことを受け、北朝鮮が、「米国が喧伝《けんでん》する人道主義の看板の下、共和国の同胞を脅迫し、誘い出し、移送したことに対し、いくつかの国のNGOに報復する」と宣言していた。

標準的英語を話し、モルモン教の宣教師として韓国で数年間を送り、朝鮮語に堪能だったスネドンは、北朝鮮工作員の英語教育に最適の人材だったろう。

先に触れた米議会決議は、事件の真相解明に当たっては、拉致問題に詳しい日本の協力も求めるべきだとしている。

安倍晋三首相が米議会演説を行った2015年4月には、まだ上下院ともに決議はなされておらず、取り上げるのは時期尚早だったかもしれない。しかし岸田の時は違った。岸田首相は、自分に視線を向けている多数の米議員たちに向かって、決議の存在に言及しつつ拉致問題の「共同解決」を呼び掛けるべきだったろう。重大な機会を逸したと言える。

安倍晋三亡きあと、漂流する自民党

「鈴木俊一首相待望論」さえあった

岸田首相に対しては、2023年半ばごろから、もはや政治的にレイムダック（死に体）という認識が政界で広がっていった。

しかし、経済政策でも外交政策でも確たる信念や方向性がなく、ただ議席を世襲し、なんとなく議員を続けてきただけという意味では、岸田は初当選当時からレイムダックだった。

レイムダックが、一応派閥の長の座を引き継いだ手前、総裁選に挑戦し、消去法で首相になった、と言うのが正確なところだろう。あくまで「日本をどこまで壊すか分からない河野太郎よりましで選ばれたに過ぎず、「岸田が誰よりも適任」ではなかった。「保守派をしっかりつなぎとめよ」という安倍元首相の遺訓を岸田は全く体得していなかった。元産経新聞政治部長の石橋文登によれば、安倍は常々こう語っていたという。

右から3割の保守勢力をがっちりと固めることが重要なんだ。左翼勢力は、声はでかくてもせいぜい1割に過ぎない。騒げば騒ぐほど右は固まる。そうすれば選挙で負けることはない。だから自民党は常に右から3割の声にしっかりと耳を傾けなければならない。

岸田は、バイデン民主党政権と公明党の意向に唯々諾々《いいだくだく》と従い、左翼活動家を利するLGBT利権法を、自らは背後に回る不透明なやり方で成立させ、理念的保守派の決定的離反を招いた。

自民党は、アメリカに置き換えるなら民主党に近い。1980年代のロナルド・レーガン大統領以来、減税、規制改革による経済活性化を「党是」とする共和党とは相当な懸隔《けんかく》がある。共和党にも無論、口だけで実行が伴わない政治家は多い。しかし、レーガン路線に露骨に背を向ければ政治生命を失うという意識は党全体に行きわたっている。

稲田朋美に典型的なように、左と財務省にウイングを広げて、すなわち左翼活動家利権と増税路線に奉仕することにより政界トップの座を目指すといった行き方は、自民党ではあり得ても、米共和党ではあり得ない。

レイムダックの原義は「足の折れたカモ」である。世界はよろけるカモを見過ごさない。先述したアメリカの岸田国賓招待と議会演説も、その一例である。見返りに追加ウクライナ支援そのほか、さまざまな請求書が回された。

アメリカを裏で動かす「ディープステート」（地底国家）という表現をよく聞く。本書でも何度か触れたが、本質をとらえて議論している人の場合、これは「独善的で頑なな、深く根を張った官僚体制」を指す。「ユダヤの陰謀」「ネオコンの策略」といったほとんどの場合根拠のないフィクションの類ではない。ファクトとして間違いなく存在する岩盤利権構造のことである。

例えば、ディープステートの中核と言うべき米財務省とウォールストリート金融資本は、人的交流の面でも密接に連携している。香港、ウイグル、台湾などをテーマに対中金融制裁が俎上《そじょう》に載せられると、財務省・ウォールストリート連合軍は陰に陽にブレーキを掛け、潰しに掛かる。

対中抑止力強化を目指した2022年「台湾政策法」は、中国の台湾圧迫がエスカレートした場合、金融制裁で対抗する旨の規定が柱の一つだったが、財務省、国務省などの抵抗を受けたバイデン・ホワイトハウスが大統領拒否権を盾に、骨抜きどころか規定全体を葬り去った。

トランプは公約通り、ディープステートと相当程度戦ったが、バイデンはほぼ言いなりだった。「バイデンはプレジデント（大統領）ではなく、ホワイトハウスの単なるレジデント（住人）」と揶揄《やゆ》されるゆえんである。

日本では、増税、緊縮財政、天下り先拡大を「省是」とする財務省が、アメリカ財務省以上にディープステートの中心にある。

岸田は財務省と一体に近い政治家だが、支持率が低下する中、選挙対策として極小規模とは言え「定額減税」を打ち出したため財務省サークルの不興を買い、さらに確実に言いなりになる首相として、鈴木俊一待望論まで囁かれた。鈴木善幸元首相の息子で、自民党総務会長などを経て、2021年10月に岸田内閣で財務相に就任した鈴木は、経歴的には十分首相の要件を満たしている。所属する派閥の会長、麻生太郎の義弟という閨閥《けいばつ》もある。

「鈴木首相」では選挙の顔になるはずもないが、財務省の願望の世界では、鈴木は理想の候補だったろう。

保守派の強い異論を無視してLGBT利権法を強行した自民党だけに、瓢箪《ひょうたん》から駒で鈴木首相という展開もありうる、と言いたくなるほど、この党への不信は今や抜きがたい。

1980年7月、大平正芳首相の急逝を受け、各派閥の思惑が複雑に交錯する中、ノーマークの位置から突如首相の座に据えられた、俊一の父鈴木善幸は「暗愚の宰相」と言われながら、結局2年4カ月、政権を維持した。鈴木俊一首相は極端としても、財務省言いなりの人物が担がれる可能性は常に非常に高い。

「女性政治家を立てよ」という歪んだ論

パーティ券「裏金」化問題や、子育て増税、公金を用いた青年局の女性ダンサー「不適切」懇親会などで、自民党への批判が高まる中、2024年3月10日、公明党の石井啓一幹事長が、衆院解散・総選挙の時期は「秋が一番可能性が高いのではないか」と述べた。「(9月の自民党総裁選で)選ばれた総裁は非常に支持率が高くなる」からだという。予想というより、公明党の願望を表した発言だった。

公明党としては、「次の首相にふさわしい人」世論調査で、無名の存在から、岸田政権で外相就任後、急浮上して上位に食い込んだ上川陽子あたりを担《かつ》いで「初の女性首相ブーム」を起こし、その「熱気」が冷めやらぬうちに選挙を済ましてしまおうという算段だったようだ。

「初の女性首相」なら高市早苗でもよいはずだが、閣僚の立場で毎年、靖國神社に参拝する（首相としても参拝を続ける意向を示唆している）高市は、常に北京の顔色を窺う公明党としては受け入れがたい。

高市政権の誕生は、キングメーカーたる麻生太郎自民党副総裁、菅義偉前首相らが強力に推さない限り難しい。真の「安倍盟友」なら推すはずだが、なかなかそうした流れにならない。高市の側でも、従来の枠を超えた相当な努力が必要ということだろう。

信頼する自民党議員たちに「上川氏が首相として実現したい内外政策は？」と聞くと、一様に「知らない。聞いたことがない」との答えが返ってくる。「上川首相論」の無責任さが分かる。

法相時代にオウム真理教幹部の死刑執行命令書にサインしたことで、上川の「胆力」を評価する向きがあるが、それが「一つ話」であって、他に何の「武勇伝」も聞こえてこない。中国問題や北朝鮮問題、日韓関係、対米外交、財政問題などで、上川の見識ある発言に感服したという自民党議員に出会わない。

国会答弁でも記者会見でも、上川は、外務官僚が用意した原稿を生気なく棒読みするだけである。外相や官房長官ともなれば、日々のマスコミ対応において、言葉遣い、抑揚、表情、ジェスチャー、当意即妙《とういそくみょう》のユーモアなどをフル動員して、日本国の姿勢を内外に発信せねばならないが、そうした責任感や創意工夫の跡が全く見えない。

2024年6月1日未明、中国人の若い男が靖國神社の石柱に放尿し、「トイレ」と落書きした上、その映像をSNSに投稿する事件が起こった。対応を問われた上川外相は、例によって能面のような表情で、中国への「懸念」を棒読みするのみだった。

河野太郎の悪名高い「所管外でございます」とは性格が異なるが、強い苛立ちを覚えざるを得ない。麻生は「このおばさん、やるねえ」と持ち上げたが、何を指してのことなのか理解できなかった。この人物が「女性初の首相」とは、どう見ても無理だろう。

結局、国民の税金を世界にばらまくカモネギ外交の一端を担い、外務省の利権に奉仕するだけの存在なのではないか。しかしそうした上川も、岸田内閣では優秀な方だった。棒読みすらおぼつかない女性大臣もいたからである。

2024年3月4日、参院予算委員会で、岸田政権が掲げる「異次元の少子化対策」の中身を聞かれた加藤鮎子こども政策担当大臣は、棒読みする予定のメモをうまく探し当てられず、しどろもどろの答弁に終始した。ＳＮＳで、「加藤鮎子こども並み大臣」と揶揄されたのも無理はない。

「子育て増税」（健康保険料に上乗せ）を通すには、４０代半ばの女性である加藤に訴えさせるのが効果的というシナリオを描いた財務省も一瞬ヒヤリとしたのではないか。

この時、脳裏をよぎったのが「初の女性首相候補」の先駆たる野田聖子のある「提言」だった（産経インタビュー・２０２３年12月18日付）。野田はこう述べている。

男性議員は「女性議員は増やさなければならない。俺のところ以外は」と思っている。（候補者や議席の一定割合を女性に割り当てる）クオータ制という〝お花畑〟より、女性の世襲議員を増やすのが現実的かなと思う。私は大物議員に引退したら息子より娘に譲るよう声をかけている。

論外の主張と言うほかない。安倍元首相のような稀有な存在は別として、通常、公職の世襲はより優秀な市井《しせい》の人材を押しのけることを意味する。本来、現職の漫然たる居座りや世襲を許さない、実質的意味のある党内予備選を制度化するのが筋だろう。

その場合、当然、現職の女性議員たちも新人の挑戦を受けねばならない。野田や稲田朋美らは「男性現職に、女性の新人が挑戦するのは歓迎。ただし女性現職は挑戦から守られねばならない」と考えているのだろうが、虫がよすぎる。

「野田理論」に従えば、加藤紘一元幹事長から娘の鮎子への世襲は模範的な例となる。しかし、帰国した5人の拉致被害者を北朝鮮に送り返せと主張した紘一も、しどろもどろ答弁の鮎子も、ともに日本国に何らの貢献もしていない。2人とも政治家になるべきではなかった。

女性議員の比率を高めるべきとの主張について敷衍《ふえん》すると、言うまでもなく、男女を問わず、問題は政治家としての中身である。「私たちのような女性議員を増やせ」と胸を張って言えるだけの現職が一体何人いるのか。

2017年7月12日、長く獄中にあった中国の民主活動家でノーベル平和賞受賞者、劉暁波の危篤が伝えられる中、日本の女性国会議員団9人（野田聖子団長、他に自民、公明から松川るいなど8人）が中国政府の招きで訪中した（劉は翌13日に死去）。

習近平国家主席の忠実な部下であるがゆえに出世したに過ぎない女性副首相の「女性政

治家は、同じことをするにも男性より多くの努力が必要だ」といった、型通りの訓戒に「議員団全員が深く頷いていた」という。

当時、米欧の議会では、劉暁波を海外に移送しての治療および軟禁状態にある劉霞夫人の出国を求める声が高まっていた。多くの女性議員も声を上げていた。ところが野田訪中団は、劉暁波についてはもちろん、同じ女性である夫人の解放にも全く言及していない。中国側がしつらえた宴会に出て談笑し、礼を述べて帰ってきただけである。

女性だけの議員団の訪中に何か意味があるとすれば、迫害されている女性の問題を強く取り上げることだろう。野田訪中団は逆に、「劉暁波夫妻の問題は些事、世界は関心を持っていない」という中共の宣伝工作に使われた。こんな女性議員たちをいくら増やしても、国際社会から侮蔑されるだけである。

ベトナム全土が共産化され、自由を求めて海上に脱出する多くのボート・ピープル（漂流難民）が出ていた時期、ソ連のコスイギン首相と直接相対する機会を得たイギリスのマーガレット・サッチャー首相は、「ベトナムの状況は、共産主義全体にとって恥ずべきことだ」と批判し、ソ連指導部が影響力を行使して事態の改善を図るよう求めた。当時、英領香港にも漂流難民が押し寄せていた。

「彼らはみな、麻薬患者か犯罪者だ」とぶっきらぼうに応えたコスイギンに対し、サッチャーは、「共産主義があまりに悪いため、100万もの人々が麻薬に走り、盗みで生計を立てざるを得ないということか」とさらに追及している。男女を問わず、政治家なら即座にこのぐらいの応答はすべきだろう。

人権については、ソ連の反体制物理学者アンドレイ・サハロフの至言がある。「人権は単に人道上の問題ではなく、安全保障問題でもある。自国民の権利を尊重しない国が、他国の権利を尊重するはずがないからだ」。その通りだろう。人権に無関心だった野田訪中団は、安全保障に関しても見識がなかったことになる。

国賊政治家があまりにも多すぎる

「人権」に見る国会の欺瞞構造

2022年2月1日、衆議院本会議は、1年近く店晒《たなざら》しにされたあげく、骨抜き的修正が施された「新疆ウイグル等における深刻な人権状況に対する決議案」をようやく採択した。

自民党、公明党、立憲民主党、共産党が賛成し、日本維新の会と国民民主党は、「中国」や「人権侵害」の文字を入れなかったことを不満とする声明を出しつつも賛成した。れいわ新選組は最後まで反対した。

この間、最も注目すべきは、前年12月中旬の動きである。12月17日、自民党政調会長で南モンゴル議連会長でもあった高市早苗が、茂木敏充幹事長のもとを訪れ、すでに公明党によって大幅に薄められた内容ではあるが、ともかく年末の国会閉会前に決議案を通すよう直談判に及んだ。

公明党による修正は、主として以下の諸点であった。

①「人権侵害」をすべて「人権状況」に改める。
②「非難」「(人権侵害の)中止」といった文言を削除する。
③「立法府の責任において、深刻な人権侵害を防止し、救済するために必要な法整備の検討に速やかに取り掛かる決意である」を全文削除する。

この公明党の「筆入れ」を高市らが丸呑みしたのは驚きだが、しかし茂木はこの骨抜き案にすら、「内容はよいがタイミングの問題がある」と難色を示し、党としての了承を拒んだ。事前に岸田官邸と打ち合わせた上での対応だった。

これに対して安倍元首相は、「批判が殺到すると思う。官邸に相談してはダメで、党としての意思を示すべきだ」と不快感を漏らしていた。

最も呆れたのは、記者会見の場での茂木の説明である（12月21日）。動画で見たが、茂木は「対中決議」という言葉を用いた記者の質問を遮り、「（批判対象は）中国だけじゃなかったでしょ」と相対化に努めた。その際、ミャンマーも批判対象であると強調した上で、あろうことか「モンゴルも入ってました」と述べている。言葉を失う、とはこの事である。

２大強権国家、中国とロシアに挟まれながら自由主義体制を維持するモンゴルは、世界が努力を称えるべき対象ではあっても、人権抑圧が問われるような存在ではない。脱北者保護の実績もあり、日本人拉致問題でも様々に協力の手を差し伸べてくれている。

決議案は、加害国としてモンゴルを挙げたのではない。中共による弾圧の被害地域として、ウイグル、チベット、香港とともに「南モンゴル」（独立国モンゴルとは別）を挙げたのである。

茂木は自民党幹事長になる以前、外相の座にあった。その時に国際場裏で、この種の無知が露呈しなくて良かったと思う。

南モンゴル議連会長を務める高市早苗自民党政調会長（当時）は、公明党が骨抜きにした案にすら茂木は署名を拒んだと、「悔しい」「悔しいったらありゃしない」と繰り返し公開の場で慨嘆した。しかし保守派の輿望を担う高市ですら「悔しい」以上に出ないところに問題の根深さがある。

アメリカのほぼ全ての対中制裁法案で斬り込み隊長役を果たしてきたマルコ・ルビオ上院議員の口から「悔しい」という言葉が出たのを聞いたことがない。彼は常に、妨害者の実名を挙げ、猛反撃してきた。

仮に米民主党、共和党いずれかの役員クラスが、茂木同様の混乱した議論で「対中人権決議案」をつぶしに掛かったとすれば、対立政党はもちろんのこと、自党内からも厳しい批判の声が湧きあがり、地位が危うくなるだろう。従ってアメリカでは、中国に関して腰の引けた、いいかげんな言動ができないのである。経済界に、中国と事を構えるのを欲しない傾向があるのは、日本もアメリカも変わらない。

中国新疆からの製品輸入を事実上全面禁止する「ウイグル強制労働防止法」(2021年12月23日成立。翌年6月21日施行)でも、ウェンディ・シャーマン国務副長官(当時)らが、企業側の立証責任を免除する骨抜き案を各方面に打診したが、その動きをリークされて批判を浴び、かえって強硬派主導の流れを強めた。

そうなれば一転、米企業は、自分たちのみが国際競争上不利になるのを防ぐため、同盟国、友好国にも圧力を掛けるよう米政府に求め始める。これは対中制裁法案をめぐるアメリカ政治のパターンといってよい。

さて、日本の「ウイグル人権決議」騒動からいかなる教訓をくみ取るべきか。

内容の修正（改悪）過程で、「国会決議は全会一致が原則なのでやむを得ない」との弁明が議員たちの間から聞かれた。しかしそうした「原則」に何ら法的根拠はなく、談合的な「慣例」に過ぎない。国民が、国会決議は全会一致で、などと要望したことはない。

しかも、れいわ新選組が反対の立場を取ったため、最終的に全会一致にならなかった。結局、「全会一致が原則」云々は、自民党が、連立を組む公明党に骨抜き工作を許す仕組みに過ぎない。この欺瞞を改めなければ、中国に関する限り、常に「公明党骨抜き案」が通ることになろう。

日本では、ウイグル決議案もＬＧＢＴ利権法案も、一般国民には内容が知らされぬまま、一部議員の間で改変が重ねられた。不透明という他ない。

アメリカ同様に、すべての決議案は、原案はもちろん、修正過程も含め、すべて中身を公開すべきだろう（アメリカでは、法案も決議案も議員が関係委員会に提出した段階で議会の公式サイトに載り、誰でも自宅で見ることができる)。

法案についても言えるが、とりわけ人権決議のような場合、党議拘束は邪道である。他の自由主義先進国同様、定められた手続きを踏んだ上で記名投票に掛け、誰が賛成で、誰が反対、棄権だったかを明らかにする形が望ましい。

2021年末、臨時国会でのウイグル人権決議採択を見送った理由として、茂木自民党幹事長は、「各党で手続きが進まず、執行部まで上がっていない」とも述べている。

これに対し、立民党の泉健太代表は、「茂木氏はどの党のことを繰り返し言っているのか。立民は昨年6月に手続きを終えている」と反論している(2022年1月21日)。維新も同様の表現で茂木を批判した。

ただ、実際に立民党が党内手続きを済ませていたのなら、「公明党の骨抜き修正が入る前の案に戻せ」と強く主張すべきだったろう。また、批判対象にミャンマーも加えるよう求め、実質的に「中国色」を薄める方向に導いたのは立民党の中川正春衆院議員だった。その点、立民党も腰が据《す》わっていなかった。

共産党は、小池晃書記局長がテレビで「ウイグルでは100万人単位で強制収容所に入れている。中国を名指ししないで、問題も書かずに決議を上げるのは逆にマイナスのメッセージになる」と正論を吐いていた。しかし結局、公明党が骨抜きにした弱い決議案に賛成した。自ら批判していた「マイナスのメッセージ」を発したわけである。

一連の経緯を注視していた中共は、適当な段階で公明党幹部に修正を指示しさえすれば、日本の国会決議や法案などいくらでも操作できると自信を深めただろう。

日米の対中国政策を見ていると「議会力」の差を感じざるを得ない。かつてレーガン大統領が「純粋なデマゴーグ」と評したバイデン（当時上院議員）は、決して指導力や決断力で知られた人物ではない。副大統領のカマラ・ハリスも、「逃げ隠れ以外能がない」「笑って誤魔化す以外能がない」と評される単なる出世主義者である。

そのためバイデン政権下では、中国と対峙するような法案は、議会主導で進む場合が多かった。一方、いま見た通り、日本の国会はその数段手前の「人権決議」すら骨抜きの形でしか通せなかった。「議会の態度が非常に厳しいので」と言えることが、政府の対中交渉力を高める。日本の国会議員も、アメリカの有志議員同様、先兵役を務めねばならない。

全ての政党がゆるい日本の政治

中国共産党大会の開幕を３日後に控えた２０２２年10月13日、北京市内の高架橋に「独裁の国賊、習近平を罷免《ひめん》せよ」などと大書した横断幕が掲げられた。非常に目立つ場所だっただけに、強く印象に残っている。

当局が急いで撤去したものの、ＳＮＳなどで画像が拡散し、国際的なニュースとなった（中国内ではまもなく閲覧不能の措置が取られた）。実行した「犯人」は、その場で当局に拘束され、車で連れ去られた。

米国に亡命した中共中央党校の元教授、蔡霞《さいか》によると、実行者（男性）は「彭載舟」のハンドルネームを持つ彭立発だという。日本をはじめ自由主義国なら、せいぜい道路交通法違反で注意処分程度の話である。しかし、習近平神格化を進める中国では、背後関係について厳しく拷問された上で、「国賊」として重罪に問われるだろう。

「国賊」といえば、日本でも、自民党の村上誠一郎議員が、安倍首相の国葬儀をボイコットした上、安倍を「国賊」と呼び、さすがに党規違反に問われる事件があった。

相当な覚悟があっての発言かと思いきや、党紀委員会が迫った段階で、お座なりな「謝罪文」を提出するなど党籍に未練を見せた。卑小というほかない。

厳正に臨むはずだった党規律委員会も、「党員資格停止や除名といった厳しい処分を求める意見が大半だった」にもかかわらず、結局「1年間の役職停止」という甘い措置でお茶を濁《にご》した。

「国賊」発言から処分に至る全過程を通じて、自民党のゆるさが露呈したと言わざるを得ない。これでは野党はもちろん、中国、ロシア、北朝鮮などが、自民党を舐めて掛かるのも無理はない。

「安倍政治を許さない」を掲げた左翼の運動において、世代的に最も大きな塊《かたまり》を成したのは、１９７０年前後に「全共闘運動」にいそしんだ「高齢者アベガー」たち（70年安保世代）だが、こちらも精神的ゆるさが目立つ。

１９７０年当時はアメリカでも学園紛争が盛んだった。しかしそこでは、徴兵されてベトナムの戦線に送られることに対する必死の抵抗という面があった。ベトナムでは米兵５万８０００人が死亡、28万８０００人が重傷を負っている。

安全地帯での疑似革命闘争に過ぎない日本の全共闘運動とは違う切実さがあった。彼ら日本の左翼学生は「安保粉砕」を叫んだが、その実、自衛隊と米軍に守られて平和を享受し、相対的に恵まれた年金生活を送りつつ「安倍国葬粉砕」デモなどで余剰エネルギーを発散してきた。高齢者アベガーには日教組の元教員などが多いというが、よく分かる話である。

彼らから反軍・反米教育を施され、無批判に受け入れた「優等生」の典型が、「安倍は人間じゃない。叩っ斬ってやる」と叫んだ法政大教員の山口二郎だろう。

この種アベガーの執拗《しつよう》な演説妨害に対して安倍首相が発した、「こんな人たちに負けるわけにはいかない」という言葉は、むしろ抑えた表現であり、何ら問題はなかった。

ところが朝日新聞などは、「異論に不寛容で、批判を敵視する姿勢は安倍政権の特徴の一つだった」と批判的に総括する。だが汚い野次を放置しては、聴衆の「聴く権利」が侵され、民主制の基本である「情報に通じた議論」が成り立たない。あくどい妨害の排除は当然である。

この点、2019年の参院選で、札幌市で演説中の安倍首相に野次を飛ばした男女が、北海道警の警察官に違法に排除されたとして、道に損害賠償を求めた裁判がしばしば話題となる。札幌地裁の広瀬孝裁判長は、「2人の表現の自由が違法に侵害された」として道に計88万円の支払いを命じる判決を下した（2022年3月25日）。問題判決である。

しかしその約1年後、札幌高裁（大竹優子裁判長）が、このうち男性について、周囲から暴行を受ける危険や、本人が安倍首相に危害を加える恐れがあったため警察官の行為は妥当と認定し、賠償命令を取り消す修正判決を出した（2023年6月22日）。

この高裁判決に照らせば、2024年4月の衆院東京15区補選における「つばさの党」

の、日本保守党・飯山陽候補らに対する執拗かつ醜悪な「言葉の強姦」は速やかに排除されるべきものだった。札幌地裁の判決があったから警察が委縮したという議論は成り立たない。高裁が修正判決を出しているからである。無為を決め込んだ緒方禎己《よしみ》警視総監の責任は大きいと言わざるを得ない。果たして、自分の娘が同様の「言葉の強姦」に遭っても放置したのだろうか。

ゆるいと言えば、野田佳彦元首相を筆頭とした立憲民主党内の自称保守派も実に頼りない。辻元清美、蓮舫ら「はしたなさ」（三浦瑠麗の評）を売り物にする左派に圧倒され続けている。それなりに人数がいても、闘う気概を欠いては、党内闘争を勝ち抜けない。そもそも保守的信念がないわけだろう。

共産党も根本的なところでゆるい。2022年9月17日、創立100周年を記念した講演で共産党の志位和夫委員長（当時）は、日米安保条約廃棄の旗を掲げ続けると宣言する一方、侵略を受けた場合は「憲法違反の自衛隊」に「頑張っていただく」と述べた。

米軍との関係を断ち切って自衛隊単独で戦い、自分たち共産党員の命も守れというわけか。無責任かつ身勝手な「志位滅裂」そのものである。

疑問符が付く自民党の「戦闘力」

2023年5月、立憲民主党の小西洋之議員が暴露した総務省内部文書がしばしば耳目を集めたことがあった。安倍首相と高市総務相の電話記録なるものが含まれていたためである。文書が捏造《ねつぞう》か否かはしばらく措《お》き、この種のリークが許されるなら今後首相は閣僚や外国首脳と機微な意見交換ができなくなる。漏洩《ろうえい》にかかわった人物を厳正に処分し、抑止力を高めねばならない。それは時の政権の責務だろう。ところが松本剛明総務相も岸田首相も何ら腰を上げようとしなかった。

小西は、メディアで脚光を浴びたことに高揚したのか、自身が野党筆頭幹事として審議を進めさせない参院憲法審査会に比べて衆院憲法審査会は開催頻度が高すぎると批判し、「毎週開催は憲法のことなんか考えないサルがやることだ」と意味不明の妄言《もうげん》を吐いた。自然界で懸命に生きるサルとしては、高額歳費に胡坐《あぐら》をかく日本の三流議員に引き合いに出されて迷惑だろう。

しかも、自身の発言を批判的に報じたメディアに対し小西は、軒並み法的措置を取ると恫喝し、「放送法などあらゆる手段を講じて」圧力を掛けると息巻いた。放送機関に不当介入したと高市早苗大臣に言い掛かりをつけ、議員辞職を求めた人物とは思えない。

小西は「元放送政策課課長補佐に喧嘩を売るとはいい度胸だ」ともSNSで発信した。自身がかつて所属した旧郵政省の人脈を動かし、許認可行政で不利益を与えると脅したわけだろう。野卑な言葉遣いも含め、掛け値なしの政治ゴロと言うほかない。

これら一連の発言が野党の小西ではなく自民党の保守系議員のものだったなら、朝日、毎日、東京新聞などは「即時辞職」を求めて、連日キャンペーンを張っただろう。

小西は「私は憲法学者だ。毎週議論なんてできない。いつ最高裁判決や外国の事例を研究するのか」とも述べている。左翼が支配し、バランスを欠く議論が多い憲法学界の現状に鑑みれば、小西が「これなら俺も憲法学者を名乗れる」と高《たか》をくくっても不思議はないが、学者を名乗るなら、憲法に関してならいつでも、いくらでも議論できるということでなければおかしいだろう。

ちなみに、「憲法学会の会員」というのが、小西が学者の看板を掲げる根拠のようだが、通常、既存会員数名の推薦があり、会費を払えば、誰でも学会の会員になれる。

批判の高まりに押され、小西が籍を置く立民党の泉健太代表も、「看過できない。自制心をなくし、他者を攻撃するばかりではいけない」と記者会見で一応小西に釘を刺した。

しかし「自制心のない」小西をエース格で何度も参院予算委員会の質問席に送り、その

「活躍」に声援を送り、増長させたのは泉を筆頭とする立民党執行部だろう。

野球なら当然、監督やコーチが責任を鋭く問われる場面である。立民党は、管理体制全般において国政政党の体《てい》をなしていないと言うほかない
立民党のゆるさ以上に気になるのは、自民党の反応の弱さである。同じく保守を標榜《ひょうぼう》する政党でも、これが米共和党なら、小西を政治的に潰し切り、立民党に深手を負わせるべく、発言直後から徹底的に叩き続けただろう。

よく岸田首相の母体だった宏池会が「お公家《くげ》集団」と呼ばれたが、安倍首相を失って以後、自民党全体がそうなった感がある。

国民民主党の玉木雄一郎代表が、「(小西は高市が) 議員辞職すべきだと言った。整合性をとる対応をしないと、党の信頼は成り立たない」と厳正な処分を立民党に促したが、本来、自民党を中心に、国会全体が除名を含めた懲罰の動きに出て然《しか》るべきだった。

自民党に憲法改正を党是と捉える強い意識があるなら、高みの見物で済ませられるはずがない。深刻なのは、小西は単なる混入異物ではなく、日本の国会の戯画的象徴と見ざるを得ないことである。安全保障上の脅威が高まる中、憲法改正に真剣に、スピード感をもって取り組もうという姿勢はどの党にも見られない。先送り、握り潰しが常態である。

結局、厳しい小西処分、リーク官僚の処分、いずれもないままに終わった。高市早苗のような保守派を特に標的とした、「議員バッジを付けた総会屋」と一部役人が結託しての秘密文書暴露がいつ再来してもおかしくない。政権を握り、国会で多数を持つ自民党が戦闘力を発揮することが正常化の第一歩だろう。

原発を巡る国家観無き政治家たちの末路

「原発」で論外の立民、腰定まらぬ維新

数年前、戯《たわむ》れに、しかし現状への憤りを込めて、次の「入試に出せない難問」をＳＮＳに上げてみた。

【問１】日本の国会の存在意義を簡潔に述べよ。

早速、多くの人が「解答」を書き込んでくれたが、予想通り、「存在意義はない」という答が多かった。産経新聞の阿比留瑠比論説委員のように「バカとしか思えない愚かな大人が、世の中には結構いるとの理解が進む」と反面教師効果に慰《なぐさ》めを見出すほかないと記した人も少なくなかった。

もっとも存在意義を、「日本にとっての」ではなく「中国や北朝鮮にとっての」と定義するなら、国会は、特に野党の多くは、軍備充実、エネルギー確保など日本の強靭化を妨害する、相当有力な工作機関と言えるかも知れない。

2年前（2022年7月）の参院選を経て、国会は間違いなく一段と劣化した。週刊誌記事の後追い的質問しかできない「粗悪品」議員がほぼ全員再選される一方、正しい国益判断の中心にあった安倍首相が凶弾に倒れた。「井の中の逆恨み」的議員たちが、逆恨みテロリスト山上某の走狗《そうく》と化して、「旧統一教会問題の追及」に血道を上げた。

2022年10月25日、立憲民主党の野田佳彦が行った安倍元首相追悼国会演説は、一見情に溢れた内容だったが、「再びこの議場で、あなたと、言葉と言葉、魂と魂をぶつけ合い、火花散るような真剣勝負を戦いたかった」という野田の美辞麗句を虚《むな》しく聴いたのは私だけではないだろう。

自らが所属する党を「魂」ある存在に育て上げるため、野田が党内で「真剣勝負」を戦ってきたとは到底思えない。2021年の総選挙結果を見ると、野田（千葉4区）は、唯一の対抗馬である自民党候補をほぼダブルスコアで破っている。すなわち選挙に強い。であるなら、しっかり腰を据えて、「自衛官の倅《せがれ》で保守」の看板通り、党内で不断に左派と戦い、主導権を確保していくべきである。ところが元首相でありながら、のんべんだらりと日々を送る、ただ歳費をもらうだけの存在に成り下がって久しい。

安倍は生前、次のように語っていた。

若手時代から、盟友の中川昭一らと保守の理念を掲げ、旧弊を打ち破るべく、野中広務、古賀誠、加藤紘一、山崎拓ら党の大幹部に挑戦してきた。陰で賛意を表してくれる人は多かったが、行動をともにする人となると非常に少なかった。向かい風を厭《いと》わぬ「闘う政治家」が次々と生まれなければならない――。

野田は、自分は一貫して安倍首相の「かませ犬」だったと自嘲の言葉も口にしたが、実際には、かませ犬としての存在感すらなかった。松下政経塾出身の「リベラル保守」にはこうした口は達者だが、不甲斐ないタイプが多い（もちろん例外はある）。

首相時代の野田は、党内左派の抵抗を抑えて一部原発の再稼働に動いた。日本のエネルギー事情を考えれば、正しい判断だった。野田の唯一の功績といてもよい。しかしその後、無責任な「反原発」の方向にますます傾斜していく立民党のあり方をどう見ているのか。野田からは何の反応も行動も出てこない。

２０２２年10月29日、原発が集中立地する福井県を訪れ、福井新聞のインタビューに応じた岡田克也立民党幹事長は「再エネのウエートが高まればエネルギーの安定性が増す」と現実離れした議論を繰り返した上、改めて原発新増設に反対する意向を示した。太陽光や風力が不安定電源（変動電源）である事実や、闇雲な太陽光パネル設置が環境破壊を生んでいる事実には全く触れなかった。

原発に関しては、維新も姿勢が定まらない。

2022年7月の参院選で維新（松井一郎代表、当時）は「安全性を確認できた原発は可能な限り速やかに再稼働する」と公約に掲げた。

ところが一方、選挙戦さなかの6月28日に開かれた関西電力の株主総会において、筆頭株主の大阪市（松井一郎市長）は「脱原発」を主張している（採決の結果、否決）。

これはかつて橋下徹大阪府知事（その後、大阪市長）が、東日本大震災後のムードに迎合して反原発を唱えつつ、夏場の関西圏の電力が逼迫するや、福井の原発をすぐ動かせと叫び、夏が過ぎると再び「すぐ止めろ」に戻った悪しき事例を想起させる。筆頭株主がこれでは電力会社は長期計画を立てられない。維新はエネルギー問題に関して、脱橋下、脱上海電力を明確にせねばならないだろう。

細野豪志議員の正論とふらつき

廃炉作業が進む福島第一原発の敷地内に、汚染水を浄化した処理水のタンクが林立している。日本政治における意志の欠如、行動マヒを象徴する光景だった。

無害化された原発処理水は海洋放出する、が国際常識である。ところが日本の政治家の多くは「世論の反発」を恐れ、なかなか常識的な方向に進めなかった。立民党の枝野幸男代表（当時）のように「韓国と相談すべきだ」とまで言う、倒錯した「国際的視野」の持ち主もいた。

常に「安全と安心は違う。安全であっても風評被害が問題」が口癖の政治家やマスコミ人も多い。呆れた責任放棄である。風評とは誤った情報であり、それを正すのが彼らの仕事だろう。無責任の連鎖の結果、無意味な貯蔵タンクが立ち並び、かえって風評を増幅させることになった。結局２０２１年４月13日、菅義偉政権がこれ以上先送りは出来ないと処理水の海洋放出を決めたが、その間、相当無駄に税金が費やされた。

武漢ウイルス対策でも政府は、「豊洲市場は危険」という風評を煽って都知事になった小池百合子に振り回された。不必要に経済が痛んだ。心ある政治家がその都度立って風評と闘う気概を示さない限り、日本は徐々に衰亡に向かうことになる。

たとえばトランプなら、何ら躊躇《ちゅうちょ》なく処理水を海洋放出すると宣言し、どれほど左翼マスコミに叩かれても、実行したはずである。そうした姿勢が、保守層に熱烈な支持を生んできた。野球でいえば、日本の政治家の多くは、常にフォアボールを狙って、積極的に打ちに行こうとせず、見逃し三振を繰り返す3流打者に似ている。

こうした趣旨をXに書き込んだところ、すでに自民党会派に移籍していた細野豪志元環境相が、それをリポストした上で、次のように論じた。

多くの議員に海洋放出に賛同するよう呼びかけてきたが、積極的に発言する人は少ない。世論の交通整理をするだけなら政治家は要らない。国民は個別の政策以上に政治家の覚悟を見ている。少なくとも私はそう信じている（2021年3月8日）。

その通りだろう。実際、一般論に留まらず、細野はその数日前、日本記者クラブでオンライン記者会見を行い、こう主張していた。

選択肢は海洋放出しかない。政府が責任をもち、早急に決断することが福島の復興にとって重要だ。処理水は海洋放出して問題のないレベルになっている。「汚染水」という言葉を使った、デマを助長するような報道はやめてもらいたい。韓国も排出している。福島の処理水を全部流しても、フランスが流す処理水の１カ月分に満たない。福島の排出にだけ反対するのはフェアではない。温暖化を止めて、石炭火力を止めて、原発を動かさないという選択肢はない。３つは同時に成り立たない。安全性を確認された原発の再稼働は必要だ。

いずれも正論である。腰が据わらないイメージのあった細野だが、こうした言動を続ける限り大いに期待できる。残念ながら、２０２３年のＬＧＢＴ利権法では、「周回遅れで欧米の失敗の猿真似をする」超党派ＬＧＢＴ議連の中心メンバーとして拙速な成立に動き、何ら見識が見えなかったが。

最も強力な「助っ人」

菅義偉首相（当時）による、無害化された処理水の海洋放出決定は、被災地の復興に必要な正しい判断だった。継続的に、漁業者たちを風評（デマ）から守っていくことが課題となる。風評被害は風評「加害」があるからこそ起こる。被害を防ぐには、加害者を厳しく追及し、その勢力を削いでいく不断の努力が必要となる。

政界における加害者側の代表というべき立民党の枝野幸男代表（当時）は、菅首相による海洋放出発表後、早速、「我が党として、断じて容認することはできない。……日本の漁業全体に壊滅的な打撃を与えることは必至」との「談話」を出した。煽情的で無責任極まりない行為である。言うまでもなく、日本の漁業に壊滅的な打撃など生じなかった。枝野はどう責任を取るのか。

同日、社民党の福島瑞穂党首も「菅政権は東電福島原発の汚染水を海洋放出することを決定した。……海を汚さないでほしい」とSNSに投稿した。

無害な処理水をあくまで「汚染水」と言い募るあたり、慰安婦強制連行・性奴隷化デマを国際的に広めて日本を貶《おとし》めた福島らしい。愚かを越えて、日本国民に対する明白な加害行為である。

中韓両政府も、枝野、福島同様、日本政府の海洋放出決定を強い言葉で非難した。中国はその後、日本の海産物を輸入禁止とした。理不尽極まりない行為である。一方、アメリカ政府は「日本が透明性を保つ努力をしていることに感謝する。国際的に受け入れられた原子力の安全基準に合致する方法を採用した」と支持声明を出した。

最も強力な「助っ人」は、国際原子力機関（ＩＡＥＡ）のグロッシ事務局長のビデオメッセージで、身振り手振りを交えつつ、「この重要な発表を歓迎する。福島第一原発の廃炉をさらに進める道を開く重要な節目だ。海への制御された放出は、世界中の原発で日常的に行われている」と前向きな姿勢で日本政府との協力を謳った。

グロッシの力強いメッセージに比べ、残念ながら、当事者である菅首相や加藤勝信官房長官の発信は、いかにも機械的で弱かった。梶山弘志経産相も官僚が用意したメモを読み上げるだけで、およそ風評加害と戦うという気概が感じられなかった。発信力が自慢のはずの小泉進次郎環境相も、何の意志も見えない曖昧な立ち居振る舞いに終始した。

菅首相の背後には、科学とＩＡＥＡと同盟国アメリカが付いていた。一方、立民、共産、社民は、科学をないがしろにし、反日的な中韓両政府とタッグを組んだ。じつに明確な対立構図だった。

なお、真面目な漁業者の保護には万全を期さねばならないが、対案も出さずに絶対反対を唱える「漁業者代表」は風評を煽る側に立つ存在である。常にそうだが、地域の復興など眼中になく、「補償金」目当てでごねる人々もいる。その点、政府は、寄り添う相手を峻別し、たとえ被災地の関係者でも、批判すべきは批判せねばならない。

小泉元首相の「原発は国民に向けた核兵器」論

元首相でありながら、老後の趣味に思い付いたらしい「反原発」に興じ、国益を損ない続けた小泉純一郎について、萩生田光一経産相（当時）がこう語っている。

小泉さんも含めて、総裁や総理までやった人が、いくらお気楽になったからといって、後輩たちの足を引っ張るのはやめてもらいたいですね。ほんとに恥ずかしいです（2021年11月3日、国家基本問題研究所シンポジウムにて。『国基研だより』令和4年2月号に掲載）。

その通りである。生前の安倍首相も、いくらファクトを示して説得しても、小泉は感情的に反発するばかりで手が付けられないと慨嘆していた。

日本の厳しいエネルギー事情や太陽光・風力発電の問題点、安全性を高めた新型原子炉などを話題にしても、小泉は、相手の言葉が耳に入らないよう即座に大声で言葉をかぶせて来るとのことだった。無責任も末期症状という他ない。

核エネルギーの平和利用は科学史における画期的成果の一つである。予見しうる将来、原子炉や周辺機器に改良を加えつつ使い続け、電力を確保するのが文明国のあり方だろう。ところが日本では、野党議員のほぼ全員と自民党の相当部分が、文明国の住民たり得ていない。

日本は自前の技術で原発を建設し、運営し、保守する能力を有している。その技術をさらに磨きつつ、電力の一定程度を原子力で賄うことは、エネルギー安全保障に適う。ところが東日本大震災以降、反原発派やその顔色を窺う勢力が国会の多数を占める状況が続いている。

フランスのマクロン大統領は2022年2月、「エネルギー自立が安全保障に直結する」として、大型原発14基の新設に加え、小型モジュール炉（現地でなく工場で生産し、運搬、設置する）の開発も進める方針を明らかにした。第1章で触れたが、トランプ陣営も、小型モジュール炉が将来のエネルギー安全保障の核だとしている。

なおマクロンは、「電力需要は増加しており、発電できる原子炉は閉鎖すべきではない。例外は、安全性で理由がある場合だけだ」とも語っている。

建設後何年経ったから機械的に閉鎖する、ではなく劣化状況、部品交換状況などに照らして廃炉時期を柔軟に動かす常識の立場と言える。

こうしたニュースを聞くにつけ、技術的にはフランスと同等以上の水準にありながら日本は何を足踏みしているのかと思わざるを得ない。一歩ごとに妨害が入り、遅々として原発の再稼働や新増設が進まない。

「フランスは原子力ルネサンスに取り組む」(マクロン)といったキャッチフレーズを打ち出す発想力と勇気を持ったリーダーが政界にいない。反原発派に叩かれることを恐れて委縮する、ないしは反原発派に迎合する国会議員が圧倒的多数である。国家は侵略以上に自殺によって滅びる。日本はその道を歩みつつある。

小泉元首相は、「(有事には)日本の原発が攻撃の標的になり得る。国民に向けた核兵器を持っているようなものだ」とまで言う。

だから廃棄すべきというわけだが、「原発への攻撃は核攻撃と見なし、しかるべく反撃する」と宣言し、抑止力を効かせるのが常識ある国家の対応だろう。

北朝鮮は、日本のガソリンスタンド群に連続放火する、猛スピードで走る新幹線を市街地で脱線させるなどのテロ計画を練っていると言われる。だからといって、戦略的要地のスタンドを撤去し、新幹線を廃線にするとはならないはずだ。

かつて防衛庁長官時代の石破茂は、北朝鮮がミサイル攻撃してきかねないから経済制裁に反対すると述べていた。北としては、ミサイル発射を仄《ほの》めかしさえすれば日本の制裁を阻止できることになる。小泉といい石破といい、国益を損なう政治家は「国民の脅し方」においても発想が似通うらしい。

過剰なテロ対策を求めるなど、原発の安全審査を無意味に遅らせる原子力規制委員会の責任も大きい（同委に強い権限を持たせ過ぎた政治の責任でもある）。

たとえば、規制委は2021年10月27日、原発に立ち入る際に身分を証明する検査官証など計11枚を紛失したと発表した。法に違反して、身分証明書を携行せずに立ち入っていた例もあったという。規制委の基準に照らせば、「テロ対策」において杜撰《ずさん》な組織という他ない。他人に厳しく自らに甘い体質を少しは反省すべきだろう。

現役政治家の中で最も危ない「河野グレタ郎」

「伊達や酔狂でやっている」が最もよく当てはまるのが小泉純一郎元首相の反原発運動である。「歩く無責任」と言うべき軽さで国益を損ねてきた。

たとえば、2022年1月末、小泉をはじめ、菅直人《かんなおと》、細川護熙《もりひろ》、鳩山由紀夫、村山富市の元首相5人が、EU欧州委員会に対し、同委が打ち出した原発容認方針を撤回するよう求める書簡を送った。もちろん相手にされなかったものの、原発事故の影響で福島では「多くの子供たちが甲状腺がんに苦しみ」とした部分が、風評被害につながる虚偽の拡散として日本国内で問題化した。

ところが5人からは、謝罪の弁も反省の弁も一切聞かれなかった。彼らは過去に、国民の直接選挙ではなく、国会議員の投票によって総理大臣の座に着いた。ならば、国会の責任で「今後、元首相の肩書を使わないよう求める」くらいの決議は採択すべきだった。ところが何の動きも見られなかった（現職議員の菅直人には辞職勧告決議がふさわしかったろう）。

元首相らに風評被害を受けた当の福島県の選出で元外相の玄葉《げんば》光一郎《こういちろう》（立民党）は、本来、抗議の先頭に立ってしかるべき人物だが、「5人に抗議をすればいいとも思えない。『福島の子供たちに寄り添う』立場で冷静に対処していきたい」と気の抜けたビールのような発信に終始した。これでは、蓮舫、辻元清美らアクの強い党内左派に主導権を握られ続けてきたのも無理はない。

風評加害者の小泉自身は、同じような漫談を繰り返すのに飽きたのか、ほかの遊びに関心が移ったのか、2022年4月、高齢を理由に、反原発講演会は「もうやんない」と、運動の第一線から退く旨を宣言した。

その後、原発再稼働の遅れやロシアのウクライナ侵略の影響などで電気料金が高騰し、電力不足も懸念される中、小泉は、一般庶民の苦痛をよそに、冷暖房の効いた部屋でのうのうと暮らしているようである。何事も真面目に勉強したことがないのに、独特の勝負勘で政局を動かした「ライオン宰相」にしては、何とも情けない晩年である。

宰相候補に数えられる現役政治家中、日本にとって最も危険な存在は依然として河野太郎だろう。極左パフォーマーの山本太郎（れいわ新選組代表）と並んで「脱原発」の色紙を掲げた写真は、彼の基本姿勢をよく物語っている。

「河野グレタ郎」と呼んだせいで私は河野のXからブロックされており、日々の言動を細かく追っているわけではない。しかし、所属派閥の長、麻生太郎が「常識に欠ける」と評する独善的性格や太陽光利権絡みの動きに照らして、反原発の立場は今後とも変えないだろう。

この点に関し、「河野さんは反原発を封印したから大丈夫」と擁護する自民党議員が少なくない。しかし「封印」とは、しばらくは雌伏《しふく》するが、権力を握ったら封を解くという意味だろう。河野が首相になれば、日本のエネルギー基盤は音を立てて崩れる。

ここで大きな不安材料は、２０２１年の自民党総裁選で、盟友の安倍元首相と袂《たもと》を分かつ形で河野を推した菅義偉前首相の動向である。安倍に近かったあるジャーナリストによると、「菅さんは、これがやりたいと明確に政策を掲げてぶつかってくる政治家が好き」なのだという。

しかし問題は政策の中身である。菅は残念ながらエネルギー問題に関して見識を欠く。首相時代、脱炭素原理主義に迎合する河野や小泉進次郎を重用し、彼らの後ろ盾となってきた。

なお河野は、反原発のみならず、軍事においても反撃力の保持に否定的態度を取ってきた。すなわち経済、軍事両面で全く信を置けない。自民党総裁人事に影響力を持つ菅や麻生が、判断を誤らないよう強く望む。

首相への意欲を隠さない河野は政界最大のガンと言える。「河野よりマシ」で、立ち位置の不分明な人物が首相として続く流れをできるだけ早く断ち切らねばならない。

あとがき

本書を書き終えて改めて思うのは、「安倍不在」の大きさである。

顧みれば、安倍首相はまだトランプ政権の影すら見えないオバマ時代から、着々と布石を打っていた。

代表的な一手は、野党やマスコミの激しい抵抗を排して成立させた「新安保法制」である（2014年）。

従来の憲法解釈を改め、集団的自衛権の一部行使に踏み込んだこの新法がないままに、2017年の第1次トランプ政権誕生を迎えていたらと思うと背筋が寒くなる。まさに、ここしかないタイミングにおける急所の一手だった。

それまでは、例えば日本に近い公海上で米軍機が撃墜され、脱出したパイロットが海に浮いていても、海上自衛隊が助けられないケースが想定された。救助中に敵機が飛んで来た場合、その海域は「戦場」となり、「憲法上許されない」集団的自衛権の行使となる。そのため自衛艦は、米軍パイロットの救助を中止して現場を離れなければならなかった。トランプが聞いたら、「ふざけるな。それなら日米安保は廃棄だ！」となるだろう。安倍首相の新安保法制により、自衛艦が既に救助を始めている場合には、継続してよいとなった。

日本防衛のために活動している米艦の防護なども認められることになった。余りに当たり前の一歩だが、その一歩に、野党とマスコミがあれだけ反対の声を上げたのである。

その結果、政権の支持率は下がった。

紛糾必至の安全保障事案は先送りし、福祉や教育分野で点数稼ぎをした方が無難だったろう。分かっていたが、安倍氏は強い危機感から、あえて茨《いばら》の道に踏み入った。英断であった。しかし「戦う政治家」安倍晋三はもういない。

現在の日本政治が、いかに羅針盤を失った状態で迷走、逆走しているか、本書でその一端を明らかにし、処方箋を示したつもりである。国家は侵略以上に自殺によって滅びる。

しかし、安倍首相の遺志を真面目に継ごうと考える政治家がいないわけではない。「戦う本格保守政党」を目指す日本保守党も生まれた（百田尚樹代表、有本香事務総長）。第2次トランプ政権と堂々と渡り合える可能性を持つ彼ら、彼女らの台頭とさらなる奮起に期待しつつ筆をおきたいと思う。

なお本書が成るに当たっては、ワックの出版担当である佐藤幸一常務、立林昭彦『月刊WiLL』編集長に大変お世話になった。記して謝意を表したい。

島田洋一（しまだ　よういち）
1957年、大阪府生まれ。京都大学法学部卒業。同大学院法学研究科政治学専攻博士課程（修了）を経て、85年、同大学法学部助手。88年、文部省に入省し、教科書調査官を務める。92年、福井県立大学助教授、2003年、同教授。北朝鮮に拉致された日本人を救出するための全国協議会副会長。櫻井よしこ氏が理事長の国家基本問題研究所評議員兼企画委員も務める。2024年、総選挙で衆議院議員に比例当選。著書に『アメリカ解体』（ビジネス社）、『腹黒い世界の常識』（飛鳥新社）など。

ブレーンたちが明《あ》かした
トランプで世界《せかい》はこう変《か》わる！

2024年８月26日　初版発行
2024年11月20日　第３刷

著　者　島田 洋一

発行者　鈴木 隆一

発行所　ワック株式会社
東京都千代田区五番町 4-5　五番町コスモビル　〒102-0076
電話　03-5226-7622
http://web-wac.co.jp/

印刷製本　大日本印刷株式会社

ISBN978-4-89831-908-6